沈黙入門

小 池 龍 之 介

幻冬舎文庫

沈黙入門

沈黙入門　目次

I　沈黙のすすめ

ちがたかぶるとき〕〔他人に何か助言をしたくなるとき〕〔細かいものをたくさん床に落として拾うのが大変なとき〕〔相手に悪いことを言ってしまったかな、と気になり、会話の途中で気まずくなったとき。あんなことを言わずに別の言い方をすればよかったのに、と悔やまれるとき〕〔夢で神のお告げを聞き、宗教を開きたくなったとき〕〔憎んでいる人の大失敗を知って、気分がよいとき〕〔満員電車で押し合いへし合い、不快なとき〕〔以前ついた嘘がバレて、自分の評価が下落するのでは、と心配なとき〕〔仕事の締め切りが近づき焦るとき〕

I

沈黙のすすめ

自分濃度を薄める

あふれる自分語りにウンザリ

ウェブサイト上、あるいは口頭のものでも何でもよいのですが、誰かの自己紹介を思い浮かべてみましょう。

その人の詳しい生い立ちから始まって、「私は何年にどこで生まれて、何歳のときに何をして、趣味はどこどこのショップの服を着ることで、映画はあの監督のこの作品が好きで音楽はボサノヴァが好きで、それからそれから」といったような延々と続く自己紹介を見てしまうと、ちょっとウンザリした食傷ぎみの気分になりませんか。

「とにかく自分のことを理解させよう」として自分語りをする気持ちがビシバシと伝わってくると、見る側はそれだけで疲れはててしまいます。この疲労感の元凶こそ、「ジブン」というカタカナ三文字、ないし「自分」という漢字二文字。

「ジブン」についての話はそれがたとえどんな内容でも、相手にとっては基本的につまらない。誰もが自分のジブンのことに精一杯で、他人のクダラナイ「ジブン」のことなど聞きたくない。この、ちょっと嫌な気がするかもしれない苦い真実を、まずはよく胸に刻んでおきましょう。

「かけがえのない私」という現実逃避

「自分」について、世の中には、「自分の個性を生かそう」とか「かけがえのない自分を大切にしよう」とか、そういう言葉があふれています。

しかしながら、私なりに仏道の立場から見ますと、これらの言葉はとんでもなく有害。民衆を騙《だま》してカモにするためのデマゴギーでしかありません。

ほんの少しだけ頭を働かせれば見えてきます。どうして「かけがえのない自分」がこんなにも声高に言われるかといえば、実際は皆が惨めな思いをしながら生きているぶん、その現実をごまかすために「私はかけがえのない素晴らしい存在なんだ」と思い込みたいからです。

皆、ほとんど無意識的に自分は特別な人間だと思い込んでいます。その特別な自分が語るのですから、自分の話は当然有意義なものだと思い込んでいます。しかし実のところは、くだらない人間が、どうでもいい話をしているだけ。

にもかかわらず、喋《しゃべ》っている間は、自分の喋っていることが大切でしょうがないので、相手に聞いてもらおうとする。相手は相手で本当は他人の話なんかには興味がないものだから、面白い話ならまだしも、文字通りくだらない話を聞かされて、ストレスを溜める。

こうやってコミュニケーションや交際とは名ばかりで、お互いがお互いに「自分」を押し付け合っているのは、悲惨な風景と申せましょう。

お互いが「自分」というものにこだわって、いわば「自分濃度」を濃くし合うせいで、人間関係がろくでもない方向に向かってしまうのです。

品よくすんなり人付き合いする法

なぜ人が、「自分が、自分が」「私が、私が」という具合になってしまうかといえば、いたってシンプル、自分が幸せになりたいからです。

しかし残念極まりないことに、「自分が、自分が」という形で自分濃度を濃くすればするほど、本人からはガツガツした物欲しそうな雰囲気が漂うようになります。そして物欲しそうな雰囲気は、威厳がなくどこかチンケなものですから、他人からは安く見られて交際はギクシャクしてくるでしょう。何よりもまず自分がガツガツしていることに疲れてきて、不幸せになってしまいます。

裏返せば、「自分が、自分が」という考えを薄めれば薄めるほど、自分に備わっている物欲しそうな雰囲気が取れてきて、周囲との交際も自然とすんなりゆくようになるものです。

物欲しそうにしていないとは、落ち着いた威厳があるということであり、本人の立ち居振る舞いはいたって美しいものになります。

自分を薄める。自分濃度を薄め、透明感のあるものにしてゆく。そんなふうにして他人とお付き合いする道行きを、これから示してまいります。

美味《おい》しいお菓子をつくるのに、「ジブン」などというアクの強い成分は、小さじ一杯で十分なのです。

ケチつけをやめてみる

みんなコメンテーター気取り

「この店、お茶は美味しいんだけど内装がイマイチだし、客がうるさいのが嫌だよねー」

カフェやレストランで。映画を観終わった後。人は、いちいち何かに軽くケチをつけないと気がすまないようにできているのかもしれません。なんというか、そう、コメンテーター気取りとでも呼びたくなるような。

しかしながらそれを聞かされる側から見るとどうでしょう。

ケチをつけたくなる、という心理を分析してみると、「これにケチをつけられる私のセンスは、すぐれてるヨ」という裏メッセージを含んでおり、ケチをつける対象よりも自分を優位に見せたい、という欲望と結びついています。つまり、ケチをつける相手について御喋りをしているように見えて、実は自分のことを語っているのです。

ここにも「ジブン」が大量に入って、自分濃度が濃くなっています。しかも、直接に自慢するかわりに他のものにケチをつけてこっそり、間接的に自慢しているのですから、なおさらいやらしい。本人が意識するしないにかかわらず、周りが興ざめして煙たがるのは自然な成り行きと申せましょう。

批判しながら依存する奴隷の心理

どうして「ケチつけ」ばかりをする人が、あまりに醜く見えるのかを、もう少し掘り下げて考えてみます。

仏道では貪欲《ヨクボー》、瞋恚《イヤイヤ》（怒り）、愚痴《マヨイ》を三毒といって戒めます。「ケチつけ」をするときは、まず心が乱れ（愚痴）、不快になり（瞋恚）、自慢したくなる（貪欲）というように、すべての毒が出揃っています。ゆえにその心を反映して、本人の雰囲気にそれ相応の醜さがにじみ出てしまうのです。

そして文句ばかり言う人は、実は、ケチがつけられている対象にどっぷり依存しています。なぜなら、欲も怒りも、対象がないとつくれない感情だからです。

お酒を飲みながら現在の政権や官僚の悪口ばかり言ってクダを巻いているオジサンがいたとして、政権が崩壊したら、一番困るのは、そのオジサンです。悪口の相手がいなくなるからです。慌てふためき、また別の「敵」を探しだすことでしょう。

ご主人様に依存している奴隷は、ご主人様に隠れて、ご主人様を裏切ったり悪口を言ったり、ケチをつけたりする。そのことによって、奴隷という耐え難い状態の中でも、ご主人様よりも精神的に優位に立とうとする。……まさにこうやって奴隷は満足して、いつまでも奉仕してゆくことが可能になります。

適度にケチつけをしながら、矮小《わいしょう》なプライドを後生大事に守る。その姿が他人の目にどう映るか、申すまでもないでしょう。

他人や社会にケチをつけている人は、自分のプライドを守ろうとして、結果としては自分をチンケな人間として印象づけ、心ある人からは敬遠されることになってしまいます。

そんな矮小かつ無駄なプライドは捨て、奴隷化からのイエデを果たしてはいかがでしょうか。

カフェでできる心の筋トレ

カフェの例に戻ることにします。

「ここのカフェ、紅茶が美味しいよね」

とだけ素直に言って終わりにできず、ついつい文句をつなげてコメンテーターを気取ってしまいたくなる理由はどこにあるのでしょうか。

ドライに言えば、内装が気に入らなかったり客がうるさいのが嫌だったら、出て行って場所を替えるとか、店のスタッフを介して静かにしてもらえるように頼んでみるとか、いろいろ、作戦はあります。

……と考えてみると、文句を垂れ流しつつも、あくまで出て行かないということは、本人はこのカフェにいたい、ということです。しかし、「うるさい」「内装が悪い」場所に満足していると他人から思われると、それもまたなんとなく嫌だったり。そこで、「あくまで自分は不満なんだけど、しょうがないからここにいてあげるよ」的なメッセージを発するのです。

が、これはかなり鼻持ちならぬ態度であることは、一目瞭然です。

こんなメッセージを他人に聞かせてしまうのを防ぐべく、ごく単純な心の筋肉トレーニングのようなものをしてみましょう。むやみに「ケチをつける」のを控えてみる練習です。

試しに、一日だけでも、まったく何かにケチをつけずに過ごしてみることをお勧めします。

それがいかに難しいかは、挑戦してみればすぐにお分かりいただけます。ですが、ケチつけの回数を減らすだけで、その人の雰囲気には気品のようなものが漂ってまいります。「あ、自分はケチをつけたくなっているな」と思ったら、怒りと欲の毒を発している自分の醜い姿を思い浮かべましょう。一回一回の禁欲が、奴隷化への予防筋肉を鍛えることになるはずです。

その結果として、奴隷になるのを止められるだけでなく、自分濃度が薄まり、自らの雰囲気が穏やかで気品あるものに変わってきます。その自然な副作用として、一緒に過ごす人と心楽しい会話ができることでしょう。

無論、仏道は他人にモテるための教えではありませんが、自分への執着を薄める副作用として、人間関係が改善したり、良縁に恵まれたりするものです。騙されたと思って、試しに実践していただきたく思います。

いいかげんな相槌のすすめ

他人の話の聞きすぎでお腹いっぱい

「自分の話ばかりするのではなく、他人の話にも耳を傾けましょうね」ということが、人との交際における基本であるのは、動かし難い正論です。

そうではありますが、耳を傾けようにも、どうしようもなくくだらなかったり、聞きたくないようなことばかり喋る人々が、残念ながら、世の中には満ちあふれています。

そんな無駄話対策には、真面目に聞くのをやめ、大胆不敵に話の腰を折ってしまうことをお勧めいたします。

誰かの話を「聞く」のは、その声や言葉が自分の中を通ってゆくことなので、精神の「食事」とも申せます。

つまらない話や、他人の悪口を延々と聞かされる状態は、不味《まず》い料理を食べ続けているようなものです。そうやって悪い栄養を受け取ってしまうと、それをどう処理するかが面倒なことになります。

そこで感じたストレスは、仏道的に見ると瞋恚《イヤイヤ》という業《カルマ》のエネルギーであり、必ずよくない結果をもたらします。

業とは、快楽や苦痛を感じたときに、心の奥深く、すなわち潜在意識の領域に溜まってゆく心のエネルギーです。怒る、つまり何かに対する「イヤダナァ」という感じは、そのときだけの感情では終わりません。負の感情は種になって積もり積もり、どこかのタイミングで必ず芽を出します。

ゆえに業を「積む」などと表現するのですが、ここでは、負の感情は潜在意識の中に溜まって、必ず次の連鎖反応を引き起こす、と覚えておけば、それで十分です。

その連鎖反応の回路は人それぞれで、悩みすぎて胃腸にダメージを与えるかもしれませんし、精神を病んでしまうかもしれません。集中力を欠いて仕事がうまくゆかなくなるかもしれませんし、恋人に優しくしてあげたいのについつらくあたってしまうかもしれません。

後になってから「こんなつまらない話を聞かされたヨー」と誰かに愚痴を言うという、分かりやすい結果もあるでしょう。愚痴やくだらない話を聞かされた他人には、またストレスが溜まり……。

よくないものを食べすぎることは太る原因なので、相手をできるだけ不快にさせず「これ以上は食べられません」と伝える練習をいたしましょう。それすなわち、ダイエットであります。

話の腰を上手に折ってあげる法

その場にいる相手がつまらない話や聞きたくない話をし始めたら、上手に話の腰を折ってあげることが大切です。

相手が「ジブンジブン」と駆り立てられて、自分語りを繰り広げるのは、相手にとってもよくないことなので、遠慮なくまいりましょう。

話の腰を上手に折って不味い食事を食べるのを避け、話題を良い方向へ転換して美味しい食事をいただく。これが会話におけるダイエットです。

……とはいえ「興味ないよ」「つまんないよ」などと直接に言い放ってしまうと、相手は「自分は有意義なことを喋っている」と思い込んでいるために、自分が否定された気分になって怒ってしまいます。それは避けたいところでしょう。

そんなときに打ってつけの言葉として私が多用しているのが、いいかげんな相槌《あいづち》です。

「ふーん」「そっか」「そうですか」などを短く切るように言って、その話題を続けられないようにする。「うん」「いやはや」「ふむーう」などのバリエーションもあります。すかさず「ところで」と言って、「今月、満月になるのはいつだっけ」などと、まったく関係のないことに少しだけ触れてみたりする合わせ技もあります。

これで先ほどまで続いていたくだらない話は、当たり障りなくお流れになるという寸法です。

さらに親しくて冗談が通じる人が相手のときは、「ほー、それはめでたい」「素敵だね」などと、露骨にめでたくも素敵でもないと感じているさまを伝えてみたりします。

これで見事に会話の腰は折れてしまいます。

いいかげんな相槌を使って、会話はさっぱりスベスベ、サラサラ。無駄な会話でお腹がいっぱいになりそうになったら、ごちそうさまの意を込めて、「ふーん、なるほど、そうですか」の一撃をお見舞いするのがよろしいのです。

勇敢なる沈黙

お嬢さまに抑制の美学を学ぶ

加藤ゑみ子という御方に『お嬢さまことば速修講座』という著書があります。ある日偶然それを、当時交際していた女性の家の本棚に見つけて手に取ったのでした。ぺらぺらめくってみたら、面白いだけでなく、己を抑制する美学という点で、仏道と共通するものがちらりちらりと感じられ、嬉しい心持ちになりました。

この本によると「お嬢さま」の取るべき態度として焦りは禁物。なんとなく返答に困ったときや、明確なことを言うのがわずらわしいときは、曖昧かつ穏やかに濁してしまえばよいとあります。

「『ええ』『まあ』などとおっしゃったきり、ほほえんでいらっしゃれば、どうせたいしたことをお話しになっているわけではないのですから、自然に、別の話題に移っていかれるものと存じます」

これならものの見事に話の腰は折れてしまうでしょう。どうせたいしたことなんて話してない、という達観ぶりも飄々《ひょうひょう》としていて素敵です。

そのほかにも曖昧な否定の返事として、

「さあ、どうだったか、忘れてしまいましたわ」

「なんのお話だったかしら」

「そういうお考えもございますのね」

などが紹介され、これらも相手の話の腰を折るのに、最適かもしれません。

したがいましてイエデ式の仏道は、お嬢さまことばを推奨いたします。この本、見開きに置かれたユーモラスな文章から始まっているのも、よい感じです。

「ご注意！　お嬢さまことばをつかいたくない方とお会いになる前、一時間は、お読みになりませんよう。自然にお嬢さまことばになってしまいますので」

いつでもどこでも「さようでございますか」

さて、『お嬢さまことば速修講座』の中でお嬢さまが使う曖昧な否定表現のひとつとして挙げられているものに、「さようでございますか」ということばがあります。肯定するときは「さようでございます」、否定するときは微妙なアクセントの違いをつけて、「さようでございますか」と疑問形に。「さようでございますか」と言ってしまえば、「違います」と正面から否定するのと違って、相手が傷つくこともなく、しかしなんとなく話の腰が折れて話題が切り替わるきっかけが訪れることが期待できます。

もっとも、実用として考えてみると、「さようでございますか」とまで言ってしまうとさすがに慇懃無礼《いんぎんぶれい》、嫌味に聞こえかねないので、実際は「さようですね」とか「さようですか」くらいが無難かもしれません。

へつらうでもなく、怒るでもなく

ともあれ本からは、他人の話の腰を折るにあたっても、気品をもって折るのがお嬢さまであることが分かるのですが、この気品こそ、別に「お嬢さま」に限ったことではなく、あらゆる人が身にまとうことによってよい方向へ成長できるものです。老いも若きもオトコもオトメも、「お嬢さま」を見習いましょう。

必ずしもお嬢さまことば自体を真似する必要はありませんが、お嬢さまことばの中に含まれる気品、すなわち、人に媚びず、されど人を傷つけない配慮の行き届いた精神こそは、誰もが見習うべきものではないでしょうか。

私たちは誰しも、聞きたくない話を聞かざるを得ない立場に置かれることがあります。そして、この世知辛い社会で生きてゆく以上、上下関係がある場合や相手を怒らせたくないとき、あるいは反論しても分かってもらえないだろうと明らかに思われるときなど、相手の話をむやみに否定したり口答えしたりできない状況に、しょっちゅう出くわすハメになるのも仕様がないことです。

だからと言って、相手の言葉にへつらって「そうですね、本当にそう思います」などと言ってしまうのもみっともない。何よりそれは嘘をつくことになるから避けたいところです。嘘は仏道では「妄語《もうご》」といい、自身の心の奥底、潜在意識の中によくないエネルギーを積もらせる十悪のひとつに数えられています。

また無理をして相手を否定したり言い負かしたりしても、相手は不愉快になってしまうだけで、よい方向に変わってくれることなどまずありません。そこでそんなときこそ、相手の言葉をさらっと「さようですか」で流して、あとは静かに沈黙する勇気を持ってみてはいかがでしょうか。

仏道から見ますと、心というものは、ともかく他人の発言に欠点・欠陥を探して否定するという、瞋恚《イヤイヤ》（怒り）のエネルギーを好みます。

怒りのエネルギーに引きずられてネガティヴなことを言ったり、あるいは反対に貪《ヨク》欲《ボー》に従って見返りを求め、相手にへつらうようなことしか言えないでいる。あるいは愚痴《マヨイ》のエネルギーにつられ、あれこれ考えてばかりいて、対応を決断できずに悩む……。それが、人間のごくごく自然な生き方です。

どこでもかしこでも、怒りと欲と迷いのお喋りがべらべらぺらぺらと進行中であるならば、その真《ま》っ直中《ただなか》であえて静かに沈黙していようとするのには、いくばくかの勇敢さが必要です。ゆえに「沈黙する勇気」と申しました。その勇敢さを持つことによってはじめて、周りに合わせながら裏でイライラしてるようなみっともない地平から抜け出せることでしょう。

そのようにして、相手を否定する「怒り」に流されることもなく、損得勘定をして相手におべっかを使う「欲」に流されるでもなく、「さようですか」と、さらっとかわしてあとは勇敢なる沈黙を選ぶ姿は、きっと誰にとっても凛々《りり》しいものに映るに違いありません。

意見あるところに欲あり

「自分なんかダメですから」と言われたら

ある日の、夕暮れ前。友人と自転車をこいで散策をしていると、不思議な名前が刻まれた表札に目が留まり、友人を呼び止めたことがあります。ここでは明かせませんが、とても珍しい名前でした。私たちが自転車に乗ったまま表札をじろじろ見ているところに、ちょうどその家の奥様が買い物袋をさげて帰宅して、「どうなさったの」と話しかけてきました。

「ええと、とても素晴らしいお名前だな、と思って表札を拝見していました」と、やや慌てて返答する私。奥様はそれなりに嬉しそうな声で、「まぁ、立派な名前すぎて名前負けしていますのよ、ホホ」と仰《おっしゃ》るので、私たちは「いや、そんなことないですよ」と紋切り型のフォローをしようとしました。

しかしそれを待たずに、彼女は話を続けます。「これ、女性のような名前でしょう？　だからよく私の名前だと勘違いされるんですけど、これは主人の名前ですのよ」。それから引き続き、ご主人の出生と命名のエピソードまで。

そして彼女は最初のセリフに立ち返ったのです。

「立派な名前すぎて、名前負けしてますのよ。主人なんてもう、ぜんぜん、立派じゃないのに」

むむむ。私は最初、奥様が自分自身の名前のことを謙遜していると思ったので、「まあまあ、そんなことないですよ」と返答しようとしたのですが、せいぜい生まれたときのことを聞かされただけのご主人のことを、「そんなことないですよ、立派な人ですよ」などとフォローするのは、あまりにも嘘くさくて白々しいものです。

時間があったらもう少しお話を聞いて、ご主人の良いところを見つけてから「名前負けしてませんよ」とフォローする、という作戦はあったのですが、あいにく私たちには行き先も予定もありました。

そういうわけで二の句が継げなくなった私は、「そうですかー、そうですかね……」みたいに訳の分からないことを言いながら奥様の買い物袋に目をやって、「あ、夕食のご準備にお忙しいところ、お引き止めして申し訳ありませんでした。そろそろ失礼します」と挨拶をして、そこを立ち去ったのです。

夕暮れの町で自転車をこぎながら、「名前負けしてます、なんて言われても返事できないね」と友人と笑い合いました。

卑屈なことを言って自分を低めると、聞いている相手はフォローしてプラマイゼロにしてあげなくてはいけないという義務感のようなものを背負わされます。「自分なんかダメですから」と言う人に「本当にお前はダメだな」と言ったらたいていは怒るように、「名前負けしてますね」と言う人は、相手から「そうですね」と言われることを想定していません。

しかしながらこの場合、「そうですね」と言えるわけがないのはもとより、「そんなことないですよ」とすら言えない状況だったのがなんとも不思議で、アハハハと笑ってしまったのでした。

本音も正直もくだらない

このときは肯定もせずに否定もせずに口をつぐむという選択肢を取って立ち去ったわけですが、そうやって沈黙によりやり過ごせばよいのです。

人が「本当に思っていること」などタカが知れています。たいていはくだらないものにすぎません。それが伝わったからといって、誰が嬉しい気持ちになるわけでもない内容なら、そんな考えは葬ってしまえばいいだけの話です。「本当に思っていること」を、相手に伝える必要はまったくありません。

反対に言えば、何でも「正直」に言い放てばいいというものではないということです。

先ほど紹介した奥様に対して、「あなたはご主人は名前負けしていると仰《おお》せになるけど、『本当にあなたのご主人はダメな人なのでしょうね』と私に答えられたら、あなたは腹が立つんでしょう?」などと、こちらが思っていることをストレートに伝えてよいはずがありません。そんなくだらないことを伝えても無意味なうえに、それによって人を不快にさせるのであれば、それは下劣な行為と申さなくてはなりません。

人が口にする言葉には、どんなにいいかげんな発言にも、その人の個人的かつ手前勝手な「意見」が入っています。つまり、言葉には「ジブン」が入っているので、どうでもいいくだらない意見であっても、意見が否定されるとものすごく不愉快になります。

しかも残念ながら、何かに対して、まったく同じ意見を持っている人は決して存在せず、さらに「本音」であればあるほど、「自分濃度」が高まってその人特有の「意見」になるため、より頻繁に食い違いが生じてしまいます。

すなわち、単に他人の本音を聞かされただけでも、聞かされた側は「この私の大事な意見を傷つけられた」と、幼稚なことを感じている可能性があるのです。

意見は邪悪

仏道では、自分の意見・考え・見解に執着する心のエネルギーを「見《けん》」と名づけ、不善《ふぜん》な心のひとつに数えます。

「見」という執着は、単独では出てこられない弱虫エネルギーで、必ず貪欲《ヨクボー》という強力なエネルギーのオマケというか、付き人のようにして出てきます。つまり「見」あるところに必ず「欲」あり。「見」にしがみつくたびに、己の潜在意識の中にある貪《ヨク》欲《ボー》の業《カルマ》が刺激されて増幅し、己が下品になります。

かくして意見とはしばしば下品なものであり、仏道では意見＝見＝邪見という方程式を成り立たせるほどです。

お釈迦様は宗教を説かなかった

さて、では、この文章で私が書いている内容も、邪見、なのでしょうか。

半分、然《しか》り。半分、否。

といいますのは、ここで語っているのは、Aという感情をつくるとそれが業となり、結果A′として己に帰ってくるという連鎖反応、普遍的な因果法則です。

「こうしたら、こうなる」という心の因果法則を瞑想の末に発見した仏陀は、「この法則は私がつくったのではなく、私が考え出した意見でもなく、単に発見しただけ」

と言い、単に「法」と呼びました。誰か特定個人の法ではなく、仏教という特定の宗教・宗派の法でもなく、誰のものでもない法則であるゆえに、「仏法」（仏陀の法）などとは呼ばず、ただ「法」と呼んだのです。

もしも仏陀自身が、「これは仏陀の法だヨッ。僕が考えてつくった法なんだヨッ」と自分の「見」にしてしまっていたら、そこにあるのは自慢と執着。仏陀は仏陀失格となるでしょう。

「法」は仏陀が執着を離れ悟り、解脱《げだつ》した境地で発見した「法」則であるゆえに、そこに個人的意見や執着はゼロなのです。

さて。ここではその「法」を語っているので、私の個人的意「見」は、そんなにたくさんは入ってはおりません。ですが、「法」を、悟ってもいない私が嚙みくだいて説明する以上は、個人的解釈や執着が含まれてしまい、けっこう「邪見」も混入しているはずです。書いたことを誰かに否定されたら、少しはムッとしてしまうかもしれません。

けれども。世に満ちあふれる「邪見一〇〇パーセント純正品」の考えに耳を傾けるよりは、「邪見果汁五〇パーセント」の言葉に耳を傾け摂取するほうが、はるかに害が少なく役立つはず。そのように自己弁護させていただきたいと思います。

意見から始まる怒りのループ

他人に不愉快な本音や気分の悪くなるような意見をぶつけられて、いきなり怒る人は滅多にいませんが、それはあくまでも社会上の礼儀や体裁などのいろいろな条件を気にしているからにすぎません。

言い換えると、たまたまそういった条件によって「怒り」が噴き出るのを抑えているとしても、「怒り」のエネルギーは内に蓄積されています。この心のエネルギーとは、仏道でいうところの業《カルマ》。何かの拍子に目盛りを振り切ったときには、怒りの業《カルマ》に駆られた行動が発動します。

溜まった怒りを他者にぶつけて、さらにそれがこちらに跳ね返ってくると、こちらもまたさらに怒りに汚染されてしまいます。そうやって、微量とはいえ、今後の心も言葉も行動もすべて、怒りによって方向づけられることになってしまいます。これが怒りのループ、怒りの業の連鎖反応です。

だから、学校のお勉強で「自分の意見を言いましょう」と教えられたことなど、きれいに忘れてしまいましょう。怒りのループこそ、自分だけでなく周囲の人の目まで曇らせて、何もかもうまくゆかなくしてしまう元凶なのですから。

不幸を幸せに感じるマゾヒズム

不幸自慢をする人は嬉しそう

「やせてて困っちゃうんだよねー」「外車買ったんだけど燃費が悪くてさー」「年齢よりすごく若く見られちゃって困ってしまいますわ」「わたしって、家で皆からしいたげられてて、かわいそうなのよー」「私は世間というものに適応できない、ダメ人間ですからゴメンナサイ」

といった感じで不幸を人前に見せるとき、人は、どこか嬉しそうに語ってしまうものです。そのようなことは、誰でも一度は、身に覚えがあるのではないでしょうか。

嬉しそうに不幸を語る、この幸せな不幸せを、ここではhappy unhappinessと名づけましょう。そこには屈折した、濃度の濃い「ジブン」がうようよと溜まって、「見て見て、この私の不幸は素敵でしょう」と自己アピールをしているので、どんどんと自分の腐敗が進んでいきます。

さらに、嬉しそうに不幸自慢をしているさまは、それを聞かされる他人の側にも、「ナンダヨ、こいつ」という気分を抱かせてしまいかねないので、要注意です。

ちょっと極端に言えば、相手は「愚痴を言ってこちらから同情を引き出すうえに、さらに愚痴を言うこと自体に快楽を感じているなんて、二重の快楽を得やがって！」とすら感じているかもしれないのです。

愚痴という言葉はもともとは仏道の用語です。

「愚」と「痴」のどちらもアホタレという意味なので、二つ並べばどうしようもない阿呆、迷いの中でのクルクル回り、というのが本来の意味です。自分の気持ちが暗く澱《よど》み怒りのエネルギーが心に積もるだけじゃなく、それを聞かされる相手がイライラすることで、二重に自分が不幸になるだけなのに、目先の快楽におどらされて、ブツブツと愚痴を言ってしまう。それはやはり、阿呆と言うしかないでしょう。

しかしこうやって日々何かに文句や愚痴を言いながら生きるのは、我ら人間の姿でもあります。このような美しくない姿から脱出するために、不幸自慢はくれぐれも慎みたいものです。

心は刺激が大好き

仏道での、不幸に関するアプローチを紹介いたしましょう。

心という仕組みは、眼《ゲン》・耳《ニ》・鼻《ビ》・舌《ゼッ》・身《シン》・意《イ》から刺激を受け取って栄養にしています。この心の波動は、刺激であれば何でも食らおうとする雑食性です。

すなわち、刺激をまったく得られなくなれば心の波動は死んでしまうので、刺激が得られなくなってくると、不幸でもいいから刺激を得て、自分を維持しようとするのです。

死に物狂いで、不幸だろうと何だろうとむさぼり食い、奇妙な幸福モドキを製造してしまう。このような不幸の生存欲求に操られている状態が、仏道から見た不幸です。

さらに問題は、本人はそこで奇妙な幸せを感じることができたとしても、それを聞かされる他人は気持ち悪いと感じるだけということです。ゆえに、好きな人と仲良くしたかったら、不幸自慢などしないにかぎります。

心に操られている私たち

自分が不幸のどん底にいるという幸福モドキ気分にひたってしまいそうになったら、それは心が生存欲求のために自分を操っているのだと、気づいていただきたいと思います。

言い換えれば、心の奴隷になっていることを、明確に意識するということです。これはかなり恥ずかしい状態なので、気づきさえすれば、「あー、こんなことやめたい」という気力が湧いてくる、原動力にもなるはずです。

心から解放されれば、happy unhappiness からも脱出できるうえに、好きな人に嫌われる可能性も、少しは減るというものです。

心は、穏やかな幸せという栄養分よりも、劇薬のように刺激的な不幸や瞋恚《イヤイヤ》の業《カルマ》という餌を好んでしまうもの。その心に操られてしまっていては、己はどんどん歪んだ方向へ引きずられるばかりです。

『涅槃経《ねはんぎょう》』には、「心の師とはなるべし。心を師とすることなかれ」とあります。その意味は、不幸を餌にしないように心を教育する必要があるのであって、間違っても心の欲求に教育され操られ、不幸を幸せに感じるマゾヒズムにはまってはダメだよ、ということです。

「自分」まみれの心などというやばいシロモノからは、足取り軽くイエデすることにいたしましょう。

正論を語ってもしょうがない

お金より心？　しょせんはお金？

ありふれた正論を、さも自分独自の考えであるかのように、得意げになって口にするのは、とても恥ずかしいことなので注意が必要です。

たとえばこんな感じのセリフたち。

「臨機応変っていうのは、大切なんだよ、うんうん」

「物事っていうのは白か黒に分けられるもんじゃないんだよ」

「人の場合、1＋1＝2になるなんて限らないんだよ、分かる？」

……たしかに反論の余地のないセリフではありますが、口にすることで、だから何だよーという具合に場を興ざめさせてしまっても、文句は言えないでしょう。

さらに挙げれば、私があまり好まない正論として、「大切なのはお金じゃなくて心なんだよ」という発言もあります。

　頭では、お金よりも心が大切なことくらい、誰だって分かっています。それはたしかに仏道的に見ても完全に正しいことです。だけれど多くの人は、実際の行動としては、心よりもお金のほうが大切であるかのように生きている。それなのに「大切なのはお金じゃない」と口先で言ってしまうことで、実際はお金に操られて生きざるを得ない現実に見て見ぬふりをする偽善者になってしまうことが問題なのです。

　現代ではその真反対に、「しょせん世の中お金がすべてなんだよ」ということを偽悪的に言う人々も見受けられます。これはこれで説得力があり、分かりやすい正論のひとつとなっているように思われます。しかしながら、たしかに事実はそういうふうになっているけれど、それを言って何になるのでしょうか。

　じゃ、どうすればいいのさ、と尋ねられたら、大事なのは、このようなありふれた意見を対立させることではなく、現実の社会がほぼ完全にお金によって操られているという事実を認めたうえで、自分だけは執着を離れ、お金に操られないですむように心を律することでしょう……と答えるのも、またありふれた物言いではあるのですが。

　ともかくも、正論を語ったからといって問題の解決になることはなく、周りの人を興ざめさせてしまうこと請け合いです。正論というのは、大多数の人間が納得し、少なくとも理屈のうえでは受け入れるものです。ということは、正論とは、それを言っている本人独自の考えではないことが明らかです。ゆえに得意そうに語ってしまうと、かなり間抜けな印象を与え、場を強烈にシラケさせてしまうことになるのです。

それでもどうしても正論を言わざるを得ないときは、「得意げ・自慢げに語らない」ことが肝要でしょう。それが自分独自の意見ではないことをさりげなく伝えるため、「まぁ、ありがちな発言なんだけど」とか「誰々が言っているように」とか、遠慮がちに引用元を示す手もあるかもしれません。

反発してもまた疎まれる

正論とはかくも痛々しいものですが、それに対するありがちな反応としては、「そりゃ……たしかに正論だけどさ……でも……」というパターンがあります。

この言葉を適当に翻訳すれば、だいたい次のような感じではないでしょうか。

「たしかに間違ってるわけじゃないんだけど、誰にでも当てはまる一般論にすぎないんだから、〈このかけがえのない自分〉に対しては当てはまらないよー」

このような感覚は、正論に対するアレルギー反応とでも申せましょう。

正論に対する「このかけがえのない自分」を守ろうとするアレルギー反応の中には、自意識過剰という毒素がひそんでいます。ここでも「自分濃度」ふんぷん。

ここで申し上げたいのは、人（特に現代人）は、たいてい自分濃度が濃いものなのですが、他人のそれに対しては、自分のことは棚に上げて、敏感に、攻撃的な反応をする傾向にあるということです。

そして、正論に対して「このかけがえのない自分には当てはまらないよー」といった反応をする人は、うっとうしい人間として、日常社会では敬遠されがちです。

つまり、正論を聞かされるのがつまらないからといって、あまりに赤ん坊のような「イヤイヤ」をすると、やはり周囲から疎まれる結果に陥ります。それだけではなく、自分が意固地になるような業を積むことにもなりかねません。

正論は正論として、涼しく聞き流してあげることが、自分濃度を薄める訓練にもなることでしょう。先に書いたように、「そうですねー」とか「さようですか」と、いいかげんに相槌を打っておくぐらいがよいのです。

むやみに謝らない

メールの返信が遅くなったときに

「メールを返すのが遅くなってすみません」

こういう書き出しのメールを受け取って、嬉しい気持ちになる人は、滅多にいないでしょう。それだけならまだしも、「すみません」の次に、メールが遅くなった言い訳がツラツラと述べてあったとしたら……。

仕事が忙しかった、とか、体調が悪かった、とか、言いようはいろいろあるでしょうが、そういうことを書けば書くほど、お互いが気まずくなるものです。言い訳をすればするほど、「本当は単にメールを書く気になれなかっただけなんでしょう？」という印象を与えるように思われます。

謝罪は相手にとってはプレッシャー

メールなんて、出したいときに出せばよいだけの話。ビジネスや事情がある場合はともかく、プライベートなメールが遅かろうが早かろうが、別に何の問題もないことです。

たとえばメールを送信して三日後に受け取った返信に「遅くなってすみません」と書かれていたらどうでしょう。

受け取った相手は「あ、この人は三日でも遅いって感じる人なんだな。っていうことは、自分も再返信するとき三日以内に送らなきゃ、遅いって思われちゃうのかー」とプレッシャーを感じるかもしれません。

このような気持ちで返信する気分は、極端に言えば借金の返済を催促されているようなものです。お互いがやり取りを続けたい気持ちがあるはずなのに、このようなプレッシャーが原因になってメールが途絶えてしまう、などということが、ちらほら起こっているように見受けられます。

これを、メールを送る時間の間隔プレッシャーと名づけるとすれば、下手に謝罪をすればするほど、間隔プレッシャーによる気まずさは増大します。そもそも、早い遅いの感覚は人によってまちまちなので、自分だけの価値観で「遅くてすみません」などと書くのはやめることをお勧めします。

勘ぐり合いの連鎖を絶つ

私はと言えば、すみません、と安易には謝らないように、あえて心がけています。実際にけっこう遅れてしまった場合にしても、単に次のように事実を述べるにとどめます。

「前にお便りいただいてから、ずいぶん時間がたちました」

すみません、と言ってすませてしまうのは、気まずさを醸《かも》し出すだけでなく、さらに相手に対して余計に失礼であるように思えます。

「遅れてすみません」などと言っても、相手は「返事を遅らせやがって」などと返せるはずがありません。仲の良い間柄なら「返事が来ないから泣きそうになったヨー」

とか冗談めかして言うこともできますが、甘えられない関係の場合「気にすることないですよ」とか「返事が遅れたなんて思っていませんよ」などと、フォローを返さなくてはいけなくなります。これはフォロー・プレッシャーとでも名づけられるでしょう。

そしてフォローを返された側は返された側で、「あ、しまった。向こうにフォローさせちゃったよー」と、また気まずくなる。しかもこの気まずさ、相手に無理をしてフォローさせたことへの罪悪感に加えて、本当は思ってもいないことを機械的にフォローしているのではないかしらと勘ぐる、二重の気まずさであります。

ではこういう面倒かつ複雑怪奇な事態を回避するにはどうしたらいいでしょう。

ひとつ。自分のメールが遅くなっても、むやみに謝らない。言い訳はしない。

ひとつ。仮に相手に謝られたとしても、無理なフォローはしないで、その話題はスルーする。無視する。言ってみれば、ポジティヴな無視。

このような、単純かつ簡潔な解決法はいかがでしょうか。

謝罪インフレを止める

「すみません」＝「変わりません」

メールに限らずどんな場面であっても、安易に「すみません」と連発してしまうのは、避けたほうがよいでしょう。

「すみません」を何度も言いすぎると、本気で心から謝っていない印象を与え、「すみません」の価値を下げてしまうことになります。すなわち、謝罪インフレーション。

するといざ、本当に謝らなければならないときに、「本当に申し訳ありませんでした」と心の底から謝ったとしても、「ああ、いつもみたいに適当に謝ってるだけか」と思われてしまいます。

それに加えてそもそも、「すみません」「ごめんなさい」「申し訳ありません」を連発する態度からは、「これからは改めよう」というよりはむしろ、「この場は適当にゴマカして、自分が変わらないですむようにしよう」というニュアンスが強くにじみ出てしまうものです。

ひとつ軽い事例を挙げれば、このことは「長々とメールしてごめんなさい」などと書く場合に、強烈に表れています。なぜなら、本当に「長くて悪い」と思っているなら、短く書き直すこともできるからです。

人はついつい、今の自分を変えないですむように楽をしよう、と考えてしまうものです。そうすると、悪質な「すみません」は、「変わりません」という裏メッセージを持っていると言えるのではないでしょうか。

その場しのぎで謝ってみはしたものの、相手が許してくれなかったりすると「だからゴメンって言ってるでしょ！」と踵《きびす》を返す、いわゆる逆ギレのシーンが世の中に存在することが、多くを物語っているように思われます。

「すみません」→相手に改める意思を期待される→自分は改めないし改めようともしていないことがバレる→相手を不愉快にさせる、怒らせる。

このような回路のスイッチが入ってしまうくらいなら、最初から謝らないほうがいい。謝るのは、本当に必要なときだけに限定すべきでしょう。

謝りたくなったらワンステップ置く

謝罪インフレーションを予防するポイントは、「自分が謝りたいとき」にそのまま謝ってしまうのではない、というところにあります。楽をしたいという欲望の業に操られて、他人に「すみません」という無意味な呪文を押し付けるのは、「謝罪」ではなく新たな「加害」ですらあります。

「すみません」と言いそうになったら、「あ、自分は謝りたいって思ってるみたいだぞ、でも本当にここで謝る必要があるんだろうか」とワンステップ置いてみるのは如何でしょうか。そうすれば、本当は自分が謝ってごまかしたいと思っているだけで、相手は謝罪なんか求めていない、ということが見えてきます。

謝ってごまかすよりも、実際に自分が変わることのほうが、はるかに相手に対する罪滅ぼし＝謝罪になるというものです。

天皇陛下のように話す

できうるかぎりのスロー・スピードで

口は災いのもと。お喋りは軽薄。喋らぬが華。

何も考えずにペラペラと言葉を垂れ流すと、知らず知らずのうちに周囲の不興や怒りを思い切り買っている可能性があります。何かしら言葉に出す前に「これ、本当に言う必要があることなのかなー」とチェックしても、損はありません。

チェック、チェック。そして自分を剝《む》き出しにしたお喋りを回避すれば、そのときはじめて、自分薄めの軽やかなる交際ができるでしょう。

具体的に自分のお喋りをチェックする方法はお経に書かれており、それについては後ほど扱いますが、何も特別なことをしなくても、ごく自然にチェックが効くようになる話し方があります。

すなわち、できるかぎり、ゆっくりゆっくりとスロー・スピードで話すこと。すると自然に、汚い言葉や自分剥き出しの言葉が、出てきにくくなります。

たとえば、ひどくゆっくりとした口調で、自慢話をするという場面はなかなか想像しにくいものではないでしょうか。

そもそも早口とは、「早く喋りたくてしょうがないヨー」ということです。ではどうしてわざわざ早口で喋りたいかと言えば、「少しでも早く自分にとって気持ちよいことを喋りたくて我慢できないヨー」という具合に、欲望に駆り立てられているからでしょう。

そのような状態は、食欲にまくしたてられ、ろくに噛みもせずに大食いをしてしまうのに似ています。それを見て美しいと感じる人がいないのも、道理です。

ゆっくり話すことには、ごく自然に、欲望を封印する作用が働いているように思われます。ゆえにスローなお喋りには、気品やストイックな美しさが伴うのでしょう。

天皇とパンク――自己抑制の極致

私が以前に営んでいた「イエデカフェ」にいらした御客人がある冬の日、「早口で喋ってしまいますと、話したくないはずのことまで話してしまいますから」と仰いましたとき、ふと天皇の話し方はゆっくりですよねという話になりました。

「私」「自分」を薄めて抑制するということが最高レベルに実現されているのは、実は天皇の喋り方だったりするかもしれません。天皇はスピーチに際して、おそろしいまでに、ゆっくり話します。そして、いわゆる「失言」というものを一切しません。これは、ゆっくりと抑制をきかせて喋ることで、余計な自我が出てくるのをブロックする、そんな効果を完璧に遂行していると見ることができるのではないでしょうか。

天皇の話し方が面白いのは、そこにベタベタした「人間性」が感じられないところにあります。いっけん無内容に思えるほど、天皇の話の内容には彼自身の「人間性」も「ジブン」もあまり入っておらず、だからこそ聞いている側は、あらたまった凛々しい気持ちになれるのです。

個人的な内容が何も込められていなくて、「天皇」という役割を淡々と、文句ひとつも仰せにならず引き受けておられますことは、自己抑制の極致とも申せましょう。この、自分を徹底的に抑制しなければならないという点において、天皇と、己をガンジガラメに拘束する「パンク」の様式とは、近しいものがあるように思えます。なぜなら洋装スタイルとしてのパンクの原点は、ボンデージやダメージによって、自分自身を動きにくく、歩きにくくするのが基本だからです。

ここに、天皇制とはパンキッシュであるという冗談めいた仮説が、ひとつできあがるのです。

美しい会話をめぐる一つの仮説

要するに「お嬢さまことば」も「天皇」も「仏道」も、会話については似たようなスタンスに立っているのではないでしょうか。

ふざけているように思われるかもしれませんが、己をある程度、拘束してみるというパンク性が、実は周囲との調和に満ちた美しい会話を可能にしてくれるのです。

「ジブン」などというものが拘束されて薄まり、会話も立ち居振る舞いも、ゆるゆる。もちろん、音楽としてのパンクの演奏速度は速いのだけれども、それはまた別の話です。

「抑制しすぎて天皇のような会話しかできなくなったら困るヨー」などという心配もあるかもしれませんが、普通の人はどんなに抑制しても「ジブン」が残るもの。あそこまでには決してなれませんので、無用な心配と申せましょう。

喋らなければ災いも減る

ゆっくり食べる、ゆっくり話す

そもそも欲望にまみれた行動というものは、基本的に高スピードで駆り立てられているのではないでしょうか。そんなふうにして、欲望は人の精神を蝕《むしば》んでゆくように思われます。

欲に取りつかれた会話は、どうしても早口になります。が、それを逆手に取れば、自らの欲望を縛りつけて（縛りつけるというのは、パンク服の基本的なモードです）コントロールするためには、あらゆる物事をスロー・スピードで行うのがよい、ということになります。

食欲にとらわれることから脱するには、ゆっくり嚙んで食べるのがよいということも今や常識と思われますが、それもまた、スローに動くことにより、食「欲」をコントロールする行為と解釈できるでしょう。

それになぞらえ、言葉を垂れ流したくなる口の欲望を抑えるためスローに話しては如何でしょう、ということを先に書いたのですが、仏道では、なおかつ言うべき言葉をチェックすることによって、スローかつ慎重に話すことを説いています。

その具体的な方法を、以下に見てみることにいたします。

自分も他者も害さない言葉だけ話す

仏道では人間の行為を身口《しんく》意《い》の三種類に分けますが、もちろんここで取り上げたいのは口（言葉）による行為です。

『中部経典』の『羅睺羅《らーふら》教誡経《きょうかいきょう》』というお経の中では、仏陀が実の子であるラーフラに対して、次のように説いています。

「ラーフラよ、もしそなたが口による行為をなしたいと思うならば、そなたはその口の行為についてよく観察すべきです。私がなしたいと思っているこの口による行為は、自己を害することになりはしないか、他者をも害することになりはしないか、両者ともに害するものになりはしないか……（後略）」

要約すると、口にしてよい言葉の条件は、自分に害を与えないこと、他者に害を与えないこと、両者含めた生きとし生けるものに害を与えないこと、の三つ。

これは言葉を話す前に注意すべきこととして説かれているのですが、それに続いて「言葉を話している真っ最中」も、「言葉を話し終わった後」も、その「口の行為」をチェックし続けて、もしもそれが自分や他者に害を与えるようなら、即刻中断せよ、と述べられています。

こんなチェックを真面目に続ければ、話せる内容にはかなり縛りがかかり、なにより慎重になるので、話し方も自然に、丁寧かつ穏やかなものとなります。

いわばチェックだらけで、「自分の話したいこと」などというものががんじがらめに縛りつけられて、よちよち歩き。これはまさに、パンクのボンデージパンツのごとしです。

気軽にお喋りもできないこの緊張感こそが、私たちの言葉遣いや、言葉を発するときの雰囲気を美しく仕立て上げてくれるのです。

欲望をコントロールする十の教え

仏道には十の善行を保つための十善戒という教えがあります。戒とは戒め。己を縛りつけるボンデージです。

十善戒のうち言葉については、「不妄語《ふもうご》」（嘘をつかない）、「不悪口《ふあっく》」（非難しない）、「不両舌《ふりょうぜつ》」（その場にいない人のよからぬ噂話をしない）、「不綺語《ふきご》」（無駄話をしない）、の四つのボンデージがあります。

行動については、「不殺生《ふせっしょう》」（人も虫も動物も殺さない）、「不偸盗《ふちゅうとう》」（与えられないものを盗らない）、「不邪淫《ふじゃいん》」（浮気しない）の三つのボンデージがあります。

心の中で考えることについては、「不貪《ふとん》」（欲で心を汚染しない）、「不瞋《ふしん》」（不快感で心を汚染しない）、「正見《しょうけん》」（心の因果法則を理解し意識しておくこと）の三つです。

何かを考えたり、言ったり、行動したりするときにこの十個全部を満たすように頑張ったら、かなりのボンデージたっぷり、パンクなことこの上ありません。

この縛りを少しゆるめ、不殺生、不偸盗、不邪淫、不妄語の四つに、不飲酒《ふおんじゅ》（アルコールなど中毒性のあるものを摂らない）の縛りを加えた、五戒という、ちょっとスマートめなパンクもあります。

　十善戒にせよ、五戒にせよ、これらは勝手気ままかつ下品に暴れ回る自分の欲望や怒りや迷いをパンキッシュに縛りあげて、品性ある所作をつくるための修行なのです。

「あなたのためを思って」という迷惑

　何故にこれほどしつこいまでにチェックしなければならないかと言えば、「これは他者のためにやってあげたことだから」と偉そうに思ってやることが、結果としては他者の迷惑になったり、さらには他者に危害を与えたりすることが、数限りなくあるからです。

　そんなろくでなしの口なら、いっそがんじがらめにしなさい、というのが仏道のメッセージです。

　これに対して、「そんなことばかり気にしていたら、何も喋れなくなっちゃうじゃないですかー」という反応はもっともなのですが、喋れなくなったらなったで、それでまったくかまわない、というのが仏道のスタンスです。

もとより「口は災いのもと」なので、喋れなくなったらなったで、災いの数も減るでしょう。先にも書いたように、言葉とは個人的意見に満ちているもの。仏道では個人の意見というだけで、どんな意見であろうとそれを、「邪見」＝「邪悪な見方」として退ける徹底ぶりなのです。

批判もできるだけやめてみる

悪口を言うと毒が体に回る

悪口を言う、陰口をたたく、愚痴を言う、文句を言う……。負のオーラ、思い切り発散。

「悪口や愚痴ばかりぶつぶつ言う人と一緒にいたくない」とは誰もが感じることですが、自分は文句を言いたくてしょうがない、というのが人の自然なあり方です。

ごく一般的に言えば、他者とのコミュニケーションの場では、悪口や文句だけではなく、いわゆる「批判」もできるだけしないようにするのがよい、というのが単純な結論です。

できるだけ、と言うのは、生活の中で批判をまったくゼロにするのは、かなり難しいことだからです。

かくいう私もまた、気をゆるめると「ここの紅茶は渋すぎるよね」だとか「見てよ、あの人の服、破滅的だね」とか、いい気になって言ってしまうことがあります。人は放っておくと、自分のことは棚に上げて、他人の文句を言いたくなるようにできているのでしょう。

批判も文句も悪口も、それらすべては、何かに対して「イヤイヤ！」と感じることから始まります。そして何かを「イヤイヤ！」と思う瞬間に、人の体には毒性の物質がつくられて、体に毒が回る。そういうふうにして「イヤイヤ！」という気持ちは、怒りのエネルギーを生み出し、心身を蝕みます。

貪欲《ヨクボー》・瞋恚《イヤイヤ》・愚痴《マヨイ》、が仏道でいう三毒ですが、悪口は「気持ちよくなる」「怒りのエネルギーを充電する」「そのことの害悪に気づかず混乱し、心がさまよう」という具合に、三拍子そろっています。

他人の服装についてぶつぶつ悪口を言うのも、評論家や学者が他人や社会を批判するのも、仏道の立場から見ると変わりません。結局は怒りのエネルギーに駆り立てられての行為なのです。

批判の裏には自慢が隠れている

そもそもなぜ、放っておけばいいのに、他人を批判したり文句を言ったりしたくなるのでしょうか。それは、自分のダメさ加減から目をそらして、「ダメなのは他人、社会、世界のほうだ」と思い込みたいからです。

他を批判している間は、自分のダメさを忘れられるうえに、「こんな批判できちゃってるオレ／ワタシはすごく立派だよね」という印象を醸し出しているつもりになれます。

他人のことを「ブス」とか「かっこわるい」とか言えば、自分が「ブス」じゃないし「かっこわる」くもないという印象を醸し出しているつもりになれます。

そう考えると、批判とは、根っこのところでは、「オレ／ワタシは素晴らしいでしょ」と、自慢して、よい気分にひたっているだけ、と思えてまいります。

たとえば。

「あの人のファッションセンス、かなりやばいよね。原色使いすぎだしあの異様なサイジングとか気取りすぎてて気持ち悪いよ」

というようなことを言ったとすれば、それは間接的に、「自分のファッションセンスは、あの人よりは洗練されてるのさー」というメッセージを含んでいます。直接口にするのは恥ずかしい自慢であっても、「批判」という形を取ると、すんなり言えてしまうのが恐ろしいところです。

つまり「批判」とは、自分の素晴らしさを自慢するセリフの、巧妙に隠されたバリエーションなのです。「批判」の名を借りて「自分、自分」というオーラを剝き出しにしてしまうことで、ここでもまた自分濃度が濃くなってまいります。

そして、つもりはつもり、しょせんはまやかし。まやかしのよい気分にひたることで欲望を拡張させれば、心は澱むばかりです。そのような人の周りからは、心ある優美な人は遠ざかり、ろくでもない人ばかり集まってくることは明らかでしょう。

正当化されるものほど、うさんくさい

とはいえ。

「相手が失礼な態度を取ったのだから怒って当然」「怒っているのではなく、相手を直してあげようと叱ってるんだ」「相手を心配しているからこそ、批判してあげているんだ」「学問的に間違いを正してあげなければならないから仕方ない」……。

人は自分の怒りを正当化するのも大得意なので、これまた手に負えません。

さらに厄介なのは、外見からは、本当に相手のためを思って批判しているかどうかなど分からない、ということです。分からないから、利用しやすい。それにつけこんで批判を垂れ流す人は、一般的に言って感じが悪いものです。

もっともらしい理由をつけて正当化されているものほど、うさんくさいということは、経験上も言えるように思います。

他者をおとしめて間接的に自慢してみせるのは、たいへんに恥ずかしいことです。もっと「恥」という感覚を自らの内に持ち、美しく振る舞いたいものです。「恥」の心で己を律することを、仏道では慚愧《ざんき》と言い、貪欲《ヨクボー》や瞋恚《イヤイヤ》への防止剤にしています。

批判や文句の回数を減らすだけでも、周囲の人とのギスギスは少なくなり、より良質の人間関係が築けるようになります。これすなわち、批判のダイエットです。

否定の魔力にはまらないために

「あいつはダメ」＝「私ってステキ」

批判にしろ、悪口にしろ、つまるところ何かを「否定」することには、怪しげな魔力があるのかもしれません。

すなわち「否定」とは、「私ってステキでしょー！　こんな私を見て」という呪文。「あいつはダメだ」と否定すると、その「あいつ」と比べて自分がとても素晴らしい人間になったかのような魔法がかかります。

多くの人は、自分語りをしたい、自慢したい。だけれど、自分のことをストレートに自慢するのは恥ずかしい。

それでも、人の心は放っておくと無駄に気持ちよくなりたがるので、ついつい「じゃあ、ちょっとバレにくいやり方で自慢してみようかー」と、否定トリックの魔術にはまってしまいます。

否定が自慢だとは気づかなかったとしても、残念ながら、否定ばかりする人の周りにいると、よい気持ちがしません。これはまさに、否定の魔術に含まれる自慢のトリックがうっすらと感じられるからでしょう。

口にすると気持ちがよくなる呪文

以下に挙げるのは、私自身を観察していて気づいた、些細《ささい》な呪文サンプルです。

ある日の昼どき、女友達と自転車をこぎながら話をしていたら、銭湯の女湯に、小学校高学年か中学生くらいに見える男子が入ってきて恥ずかしくてしょうがなかった、という話題になりました。親子で入ると無料の日だか何だかだったらしく、母君が連れて入ったようなのです。

それを聞いていて、「母君と一緒に入っちゃうその子もその子だけど、母君は何考えてんだろね。アホじゃん？」と私。あーいけねぇや、また偉そうなこと言っちまった、と自分を観察してみると、たしかに「アホじゃん？」と言った瞬間に気持ちよくなっています。

ここでは、「阿呆」「アホじゃん？」が、私が気持ちよくなる呪文だったわけです。

もうひとつ。

珍しくコンビニエンスストアでペットボトルの麦茶を買ったとき、ラベルについている「サラサラ効果」というコピーに友達が目をつけて、「サラサラ効果って何だろうね」と微笑しました。

対して「嘘に決まってるよね。ボトリングされてる麦茶にサラサラ効果なんてあるわけないし、ボトリングされて時間がたってるぶん、むしろ血液が酸化するでしょ」みたいなことを即座に言ってしまう私。

「あはは、サラサラっていったい何なのさー」くらいで笑って流しておけばよかったろうものを、「嘘に決まってる」と偉そうに呪文を唱えて気持ちよくなっている阿呆ぶりです。

自覚がある人もない人も文句タラタラ

普段から悪口をあまり言わないように意識している私でも、ふと気をゆるめるとこのありさま。後から思うとどうでもいいことを、わざわざ否定して盛り上がることが、しばしばあります。

これくらいの軽い話題ならまだしも、否定する内容がドギツすぎたり回数があまりにも多すぎたりすると、会話そのものがロクなものにならないことは、容易に想像がつきます。

自分はそんなに文句を言ったり悪口を言ったりしないよ、という人もいるかもしれませんが、それは絶対に嘘。

嫁がうっとうしいだとか、姑が頑固だとか、社会が間違ってるとか、政治がおかしいとか、都会はタガが外れてるからよくないとか、今の若者はイカレてるとか、誰々のファッションは変だとか、イスラム教徒は狂信的だとか、次から次に。

ほとんどの人は、自分でも気づいていないくらいしょっちゅう、何かに対する否定的な文句を連発する、否定の魔術師です。文句の数が増えれば増えるほど、ネガティヴな感情を自己暗示して自分の潜在意識に刷り込むことになるので、大きなストレスとなり、心身の健康を損ないます。

そのうえ、会話の内容もろくでもないものになるので、せっかく良い人と出会ったとしても敬遠されてしまったり、いろいろな縁を逃してしまうことにもなりかねません。

このように言うと、当然、「批判もときには重要」「必要なときに、あまり気をつけすぎてまったく批判できないのはよくない」という意見もあるでしょうが、それはまったく心配ないことです。

仏道を日々実践している人ですら、否定をゼロにするのはなかなかに無理なこと。普通の人がちょっと意識したくらいで批判・悪口をやめられるなどということは、絶対にありません。

ゆえに安心して、否定に費やす無駄なエネルギーをダイエットすることに励んでいただきたいものです。

II 欲望から自由になる

「自分病」へのワクチン

自意識の肥大が止まらない

他人からけなされると、人はプライドや自己イメージが傷つき、それを守ろうとしたり、傷口を気にしすぎたりする結果として、「この私」のことを強く意識するハメになります。いわば「自分濃度」が急上昇して、感じの悪い人間になってしまう。イメージ的には、プライドの傷口から、「自分病」の病原菌が侵入するとでも申せましょう。

プライドが傷ついて自分病に感染した人は、相手を攻撃し返したり、自分のイメージについて「い、いや、そうじゃないんだヨ」と長々とした言い訳をし始めたりするので、お互いロクな交際ができなくなりかねません。ゆえに、相手のイメージに関わることで、むやみに低い評価や悪い評価をするのは避けたほうがよいのです。

「ほめる」「けなす」という病原菌

では反対に、いつも相手をほめていればよいのかと言えば、これもよくない場合のほうが多い。誰かからほめられて、嬉しいくせにシドロモドロ、どう振る舞ったらよいか分からなくなった経験が、あるのではないでしょうか。

たとえば「その服似合うね」と言われて素直になれずに、「そんなことないよ！どうせ僕／私はかっこわるいから」とか照れ隠しに答えてしまうとき。ここでも「自分濃度」が急上昇し、「自分病」にかかりかけています。

「ほめる」も「けなす」も、見えない物差しに相手を当てはめて測る行為です。物差しを当てられた人は、物差しを当てられた「ジブン」が気になります。それが「自分濃度」を上昇させる、「自分病」菌なのです。

特に、ただでさえ自意識過剰ぎみの人がほめられてしまおうものなら、うろたえてしまったり、過剰に期待したり舞い上がったり。

私の経験や観察からすれば、自意識過剰ぎみの人ほど、けなされるのには慣れていても、ほめられるのに免疫がなく、ほめられるほど苦しそうにキリキリ舞いしてしまう傾向があるので、より危険と言えましょう。

ほめられても舞い上がらない練習を

他人をむやみにけなしたり、ほめたりしないということが、まずひとつ大切なこと。

じゃあ、自分がそうされたときは、どうするか。自分病の菌を、どうかわすか。

それは、けなされたときほめられてしまったとき、面倒でも一回一回コツコツと、かわしていくこと。これが「自分濃度」を薄める訓練です。

ほめられて嬉しいくせに、「どうせ自分はダメだから」と逃げてみせるのは、よくない対応です。なぜなら、ネガティヴな自分語りによって「自分濃度」が高まるうえに、相手に「そんなことないよ」とフォローしなければならない義務を負わせてしまうからです。

かといって反対に、ほめられて舞い上がり、延々と自慢話を始めるのも、最低な振る舞い。「自分濃度」は臨界値まで高まります。

ほめられたときは、シンプルに「ありがとう」とか「嬉しいよ」とか「光栄です」とか「恐縮です」とかいった具合に答え、それで終了。自分からはそれ以上続けずに、その話題を自然に終わらせてしまうのが一番です。どうせ相手も、さして本気ではなく、ましてや、その話をずっと続けたいわけでもありません。

あるいは、「でしょう、ちょっといいでしょう、これ」などとシレ〜ッと、自慢するふうでもなくごく自然に、微笑《ほほえ》んで終わらせるのも優雅なかわしかたです。

「あ、今、ほめられちゃったぞ」と意識するたびに、こんなふうにシレ〜ッと受け流すクセをつければ、それが自分病への予防接種になり、自分の過剰な濃度を下げてくれることでしょう。

ほめられたとき、ちょっと人をくった雰囲気で軽々と受け流せてしまう雅《みやび》さこそ、相手におどらされもせず、相手を否定もしない、中立的な優しさだと思うのです。

仏道を利用して精神を大掃除

信じられる人は幸せか

私が運営するウェブサイト「家出空間」の精進料理コーナーでしばしば、食品や調理法における陰陽について述べていました。しかしそこには、一種の躊躇《ちゅうちょ》がなきにしもあらず。

というのは、よく知らない人にとっては、「えー、陰陽とかそんな怪しげなものを信じてるの？　やばくない？」という印象を与えかねないからです。

そこで自分としては、できるかぎり合理的な説明をするように努めていました。たとえば食品には「冷やし、拡散させる力」と「温め、引き締める力」が混在しているのは科学的な事実であって、前者を「陰」と名づけて、後者を「陽」と名づけているだけだ、というような具合です。

よくも悪くもこうせざるを得ない理由について考えてみることにいたします。

何かを信じている人に対する、「やばくない？」以外によく耳にする、ありがちで平凡な反応は、「あの人は信じられて幸せだね。自分は残念だけど信じられないなー」という、敬して遠ざけるやり方です。このときの「幸せ」は、「山田さんっていい人だけど、恋愛の対象じゃないよね」と言われるときの「いい人」に似て、あまりよい意味ではありません。ニュアンスとしては、アホみたいにおめでたい……。

多くの場合、「信じている」ことは、「何かやばいこと」や「何か恥ずかしいこと」、あるいは「何かアホみたいにおめでたいこと」として受け取られるように思われます。

裏でこっそりパワーストーン頼み

しかしながら実は、現代人はいろいろなものを、裏でこっそり（他人にバレないように）信じながら生きている、という現実を見ないわけにはまいりません。

血液型信仰や占い信仰はわざわざ指摘するまでもないでしょう。

それ以外にも、お金、愛、政治的信念。パワーストーンなどというものもあり、つい失笑してしまいますが、雑誌の広告がなくならないということは、商売が成り立っているということ。すなわち、それをこっそり信じて買っている人たちが、確実に存在するということでしょう。

何かの経済誌で、大会社の社長がインタビューに答え、大雑把にまとめると、こんなことを言っていました。

「大切な決断をしなければならない分かれ目には、占いに頼って乗り切る。けれど、占いに頼っているのが取引先にバレると怪しまれるから、バレないようにする。だから、相手の血液型や生年月日を、いかにさりげなく聞き出すかが、商談のときのポイントなのです。このブレスレットは魔力があるのですが、つけているのがバレないように、いつも隠してあります」

占いにしても、政治的信念にしても、宗教的信仰にしても、科学への信仰にしても、本気で信じているように見えると、周りからは「やばい」と思われてしまう、という雰囲気を、このインタビューはよく伝えているように思われます。

かつてキリスト教信仰が圧倒的な猛威をふるった西洋中世においては、キリスト教を信じているフリをしていても、裏では信じていないのがバレると、弾劾されたり迫害されたりする、ということがありました。現代では思い切り真反対。信じていないフリをしても、実際は信じているのがバレると、迫害とまでは言わなくても、周りから白い目で見られるという、なんともヘンテコな移り変わりです。

本当に必要な家具は何ですか

仏道は、裏でこっそり怪しげなものを信仰するというタンコブを切り取ってすっきりする方向を目指します。

仏陀は、彼の死を嘆き悲しむ弟子たちに向かって「自灯明法灯明《じとうみょうほうとうみょう》」という言葉を残して、入滅されました。「己自身を灯り＝頼りとして、法を頼りとしていきなさい」。釈迦という教祖にすがったり、神を盲目的に崇拝したりするのではなく、あくまで己自身と、法（仏陀が発見した心の因果法則と修行法）を頼りに生きてゆきなさい、という意味です。

仏道はついつい「～仏」を信仰する教えだと思われがちですが、もともとは、己自身を徹底的に見つめる中で、生活や思考のスタイルをデザインする方法、というニュアンスが強いものでした。

「己」という部屋の中のゴミを捨て、徹底的に大掃除し、その後で、どんな家具がしっくりくるのかをレイアウト・デザインし直すためのテクニック、言い換えれば精神の鍛錬。もちろん、家具が一切なければ困りますが、どんな家具が必要で、どんな家具が不要かを、深いところから考え直して、しつらえ直す。そのお手伝いをすることが、僧侶の仕事です。

そこには、盲目的な信仰はありません。レイアウトし直した部屋には、堂々と「この家具ステキでしょ」と言えるような家具しかないので、裏でこっそり信じる必要もないのです。

僧侶とはそのようなスッキリ感を伝える人、さしずめ精神的インテリア・デザイナーとも呼べるでしょう。

自分を他人のように眺める

一筋縄ではいかない現実

「自分」の中の余計かつ有害な部分、それは欲と怒りと迷いという名の毒です。欲が大きくなると、自分濃度は一気に濃くなり、醜く粗暴な気性や所作ができあがってしまいます。それはとてもよろしくない事態なので、ゆめゆめ欲望に駆り立てられて気品を失うことのないようにいたしましょう。

とはいえ、なかなか一筋縄ではいかないのが現実です。欲望とわたりあう戦略については、僧侶こそプロフェッショナル。ここからしばし、道先案内をさせていただくことにします。

欲望をまじまじと観察する

欲望は人を駆り立てて、むさくるしくも粗暴な雰囲気へと染めていきます。それだけでなく、欲望は、使うと減るどころか、潜在意識の中で増殖します。使うと増えるとは、業《カルマ》の特徴です。その恐るべき欲望をシラケさせてしまうためには、自分の中に棲み着いている欲望をまじまじと観察してあげることが大切です。

自分が何かしようとしているのを他人がじろじろ観察していたら、恥ずかしくなったり、シラケたりして、やりたくなくなるもの。欲望もそれに似て、他人事《ひとごと》のように自分の心をじろじろ眺め、欲望に駆られている自分の心に「あ、恥ずかしい」と感じさせてしまえばよいのです。

自分を他人事のように眺めてみることで、感情が客観視されて落ち着く、というプロセスをさらに効果的につくりあげたのが仏道の方法です。

その技法を仏道では「念」を入れるとか、「念じる」と呼びます。

「念」のやり方自体はきわめて単純です。欲望をはじめとする好ましくない気持ちが湧き出た瞬間に、自分の中を観察し、「あ、欲望が生まれた」と意識を集中させます。そうすると摩訶不思議なことに、欲望はなりをひそめてしまうのです。簡単欲望撃退法。

欲望や他の様々な感情に流され翻弄されるのは、人がその感情に意識的、自覚的でないときだけです。「自分は怒ってる、怒ってる、怒ってる」と意識しながら、怒って人を殴れるような人はいませんし、「私は欲望に流されてる、流されてる」と意識を集中しながら欲望に流される人はいません。言い換えれば、感情への集中力あるいは観察力を養っていないから、感情は恥ずかしげもなく猛威をふるうのです。

そこにあるのはどんな欲？　どんな気持ち？

このように、心の中で起こっていることに集中するのはとても大切なのですが、普段、修行をしていない一般の方々にとっては、何の支えもなしにただ単に意識を集中させるのは難しいこと。そこで集中するための補助ツールとして有用なのが、心の中の言葉、心言です。

食欲に流されそうになっている場合を例にとれば、「食べたいと思っている、食べたいと思っている、食べたいと思っている」という具合に、心の状態を観察しながら繰り返し、言葉で確認するように強く念じてみると、摩訶不思議なほど欲望は消え去ってしまいます。その際の言葉は、「欲、欲、欲」でも「食欲、食欲、食欲」でも、実感に合う言葉であれば何でも構いません。

理想を言えば、その欲が原因で自分自身がどんな感覚を味わうハメになっているのかも押さえておくと、より効果的です。

感覚のことを仏道の用語で「受」と呼びます。「受」の種類は「楽《キモチイイ》」「苦《キモチワルイ》」「不苦不楽《ドッチツカズ》」のたった三つ。人間なんてしょせん簡単、単純なものです。

この分類を使って己の心を割り切って見る。すなわち、食欲のせいで苦しみを味わっているのなら、「貪欲《ヨクボー》にもとづく苦の受、貪欲《ヨクボー》にもとづく苦の受、貪欲《ヨクボー》にもとづく苦の受……」という具合に、意識を自分の心に集中させてみましょう。うまくゆくと、集中して自らの心を実感する中で、そこにある欲が薄れてゆくのが分かるはずです。

人は「苦」や「楽」に執着して、無意識のうちに苦に反発したり（反発力）、楽を欲しがったり（引力）、あるいはグルグル迷ったりし（回転力）、その力によって感情をつかまえ、自分の中に凝り固まらせてしまいます。しかし、集中して観察することに徹すると、そこにある感情に対して、欲望の引力も、イヤイヤ！　の反発力も働かない無反応な状態がつくられるため、感情が流れ去って消滅するのです。

念のピストルで欲望シューティング

心や体の状態をはっきり観察して意識できていることを、仏道では「念《ねん》」と呼びます。「念」じる際に心言が役立つのは、どのような仕組みによるのでしょうか。

これは、心の状態を表す言葉で脳の言語中枢を占領することによって、心が他のことを考えて散漫になるのを防ぐ、よって自らの心の状態に意識を集中させやすくなる、という寸法と思われます。

この集中状態のことを「定《じょう》」と呼び、これは言い換えれば、念力《ねんりき》によってロック・オンした対象を、定力《じょうりき》によって撃ち抜き消滅させるという仕組みです。

仏道の八正道《はっしょうどう》という言葉を聞いたことがあるでしょうか。その七つ目と八つ目にあたるのが「正念《しょうねん》」「正定《しょうじょう》」。正念とは、念力を訓練して、心の状態を完全に把握すること。正定とは、定力を鍛えて完璧な一点集中ができるようになること。この二つを身につけることによって、心身を自在にコントロールできるようになるのです。

言ってみれば、好ましくない感情を、念力のピストルに込めた言葉の弾丸で撃ち落とすシューティングゲーム。一般の方々でも、これを習慣にすれば、自分の心や身体への意識が研ぎ澄まされ、集中力や気力が充実してまいります。

食べたい、けど太るから食べたくない

己の感覚／行為を細かく言葉で「念じ」てみると、今、自分が何をしていて本当に何を感じているのかという、ありのまま、剝き出しの現実に対して非常に敏感になり、頭がクリアになってきます。そして何よりも効果的なことは、欲望が出てきたばかりの段階で他人事のように念じてやっつけさえすれば、なんだかシラケてしまって、「まぁ別にどうしても、やらなくちゃいけないってほどのことでもないか」と、欲望を撃退できる可能性が高いということです。

このようにして撃退できる程度の欲望であれば、そもそも実行する必要はなし。欲

望をチェックしてふるいにかければ、浮気性ぎみにあれもこれもとエネルギーを浪費することなく、生き残った、どうしてもやらなければならないことだけに集中して取り組むことができます。

特に、「買いたいけど、高価だから買いたくない気もする」とか、「食べたいけど、食べると太るから食べたくない」といった矛盾した状態は、潜在的には「やりたくない、逃れたい」と思っている要素があるので、冷静に観察されてしまうと、シラケてしまう可能性が高いものです。

過食症をはじめとする依存症は、何かを欲する一方、一方ではそれから抜け出したいと思っているという状態なので、欲望をシラケさせてしまいさえすれば、相反する欲望の間で引き裂かれることから解放されるのです。

物は何も考えないから偉い

つまるところ大切なのは、自分をまるで他人のように眺める、という一点です。

「自分が、自分が」と欲望に駆り立てられていた思いが、パツンッと突き放され、何にも駆り立てられぬ、ゆるりとした状態に立ち戻る。そうすれば、自分濃度は薄まり、心は澄みわたり、うるわしき凪《なぎ》の境地に至ります。

これとは正反対に、「他人事ではなくて自分自身の問題としてとらえたとき、初めて人生のことが分かってくるんだ」式の、しばしば耳にする説教じみたセリフ、汗臭い決まり文句があります。しばしば宗教者ですらそれに類した発言をするのを耳にします。

世俗の常識とは異なる仏道を歩む者としては、次のように申し上げたく思います。すなわち。

ときとして自分などからは離れたほうが、雅な一呼吸が置けるもの。かけがえのないこの自分なるものも、しょせんは、数多《あまた》の凡人のうちの一人。赤の他人のように見ることによってこそ、上手にコントロールできるものです。そう、他人事で何が悪いのさ。

「人間は考えるからこそ、物とは違って偉大だ」としばしば言われます。しかし、実際は何も考えない「物」のほうがよっぽど偉大ではないでしょうか。

人には、何かをしているときに、関係ない別のことを次から次へと「考える」ことによって、「今、この現実」にちゃんと集中しないという、浮気性的な特性がありま す。欲望に駆られて走り続け、複数のことを同時に考えたり遂行したりできる代わりに、ひとつひとつのことがズボラになります。

仏道の視点から見れば、人があれこれとクルクル考えたがるのは、「今、ここ」に集中するのが嫌で落ち着きなく動き回りたい、動き回って貪欲《ヨクボー》や瞋恚《イヤイヤ》や愚痴《マヨイ》の業《カルマ》を増やしたい、という心の習性の奴隷になっているからです。すなわちエネルギーの浪費、無駄な情報処理。何も考えない空白の時間こそ、人にとっては大切な栄養素です。

「念」による自覚力と、「定」による集中力を武器にして無駄な思考を削《そ》ぎ落とし、ひとつひとつのことを丁寧誠実に、かつ美的意識をもって、仕上げてまいりましょう。

正しさの猥褻さ

不安な人ほど自分の正しさを言い張る

正しいこと、それ自体は言うまでもなく大切なことですが、「自分の」正しさを言い張ることは、たいていの場合、周りの人にとって有害です。

正しいことを己の心の中に持ち、それによって己をストイックかつ美しく調律してゆくことと、それをわざわざ言葉にして他人にぶつける不粋さの間には、天と地ほどの差があるように思われます。

単純に言えば、前者の姿勢が上品であるのに対し、後者は端的に下品下劣。私も含めて誰もが、他人に自分の「正しさ」を伝えたくてしょうがないのは事実なのですが、その欲望の強さは人によって異なります。自信がなくて不安な人ほど、矮小なプライドを守ろうともがき、自分の正しさを言い張る傾向にあるようです。

「正しいこと」は、他者を攻撃するためや、自己の欲のために使われる瞬間に、もはや正しくもなんともない、猥褻《わいせつ》なものに転落します。聞かされる側にとっては、迷惑この上ありません。

自分の正しさによって相手をやりこめようとすることは、コミュニケーションにおいては百害あって一利なし、と申せます。

良い子のフリで自分をごまかす

「自分の欲のためじゃなく、相手のことを思いやって言ってあげてるんだ」という紋切り型の言い訳も、しばしば耳にします。

しかし、このような上手な言い訳は、良い子トリック、怒りや欲におおわれた自分の気持ちをごまかすためのものでしかありません。表面的な意識では相手のためを思って言っているつもりでも、本当は自分のため。良い子のフリをしているぶん、ストレートに押し付けるよりもよけい悪質です。

人が純粋な気持ちで他人に何かを言ってあげられることなど、滅多にありません。

「相手のため」というような言い訳が出てくること自体、心にやましさがある証拠なのかもしれません。

自分に都合よく相手を変えたい

「正しさ」に関連して言えば、人には奇妙な欲があるように思われます。すなわち、自分の都合のいいように周りの人間をつくり変えたい、という欲です。

たとえば。

「その洗剤は環境によくないから使わないほうがいいよ」という一言は、潜在的に、「環境に配慮するのが正しいことなのに、あなたは環境に配慮しないという間違ったことをしている。変わりなさい」というメッセージになります。そのため、言う側にその気がなくても、言われた側は責められた気分になるものです。

他人のすることに対して「ここがよくないよね」と思う、そもそもの原因は、相手のやることが、自分の思い込んでいる「正しさ」とズレていることへの瞋恚《イヤイヤ》にあるように思われます。

自分の「正しさ」を相手にも植えつけ、相手を整形してしまおうという欲望。自分の「正しさ」の領土を拡大しようという欲望と、瞋恚《イヤイヤ》の攻撃性。

そのような欲望は、命令めいた圧力を持っていて、よくない雰囲気を醸し出します。ゆえに、それを聞かされた相手が、自ら領土拡大の犠牲となって、望む方向に変わってくれるなどということは、まずあり得ないことでしょう。

正論で論破しても損するのは自分

納得してくれない相手に対する「今は分からないだろうけど、君もいつか分かるときが来るはずだよ」という決まり文句が、いかに品性を欠いた発言であるかも、もうお分かりでしょう。

「論理的に正しい議論」によってコテンパンに論破するのもまた同じです。しかもそのような振る舞いはまったくのムダ、無益です。

「相手に変わってほしい」と思うのは欲と怒りの心なので、その雰囲気＝波動をぶつけることで、相手はよけい頑なになって変わらなくなります。上司と部下、のような権力関係にモノをいわせて、無理やり従わせても、多大な恨みを買うだけ。相手を変えようともがけばもがくほど、関係が悪化して自分が損をするだけなのです。

反対に、この猥褻な欲望を捨て去れば、相手が変わってくれる可能性もあります。押し付けがましい雰囲気＝波動が醸し出されなくなるので、そのぶん相手の振る舞い方も、自然と変わってくるという寸法です。

言い換えれば、自分をイライラさせてしまう他人が周りにいるのは、自分自身のせいということになるのです。これすなわち自業自得。

お布施の作法を身につける

常に見返りを期待する借金取り

布施《ふせ》といえば日本では普通、お坊さんに支払うギャラのことです。しかし本来の仏道における「布施」とは、相手に恩を着せることなく単にサラッと何かを与えることを意味します。

ここでは、こんがらがった人間関係における精神的借金を帳消しにする作法として、「布施」をとらえ直したいと思います。

人が他人に何かをしてあげるとき、たいていの場合は、ちっともスカッとしていません。「人は、他人に何かしてあげるとき、必ず見返りを期待してる」という、よく言われるありきたりな文句がありますが、そこには一抹の真実があります。

私なりに言い換えれば、それは、相手に差し出したものを、後から利子をつけて返させようとする心のあり方、欲望の自分濃度が濃くなっている状態です。しかも残念なることに、そのような心はどんな「良い人」にも、根深く巣食っています。

日常的な生活で人はみな、表面上は意識していなくても、借金取りのように生活しているとも申せましょう。他人を追い回して利子を払わせようとしつつ、本人もまた誰かから利子払いに追い回されている、悲惨な状態です。

こういった借金取り行為のすべてが、人間関係の歯車を、うまくゆかなくさせているように思われるのです。

「このCDどうだった？」と尋ねない

たとえば。

音楽CDを貸した相手から返してもらうという、ごく些細な情景の中にすら、精神的な借金をムリヤリ取り立てる、ということが紛れ込みます。

もっとも自分濃度が薄く澄みわたった振る舞いは、何も尋ねずにサラリと受け取ること。相手がよかったと思ってそれを伝えたいなら向こうから言ってくるでしょうし、もし向こうが何も言わないなら、サラリと放っておきましょう。

それを、「どうだった?」なんて聞いてしまう、ただそれだけでも、既に「よかったと言って、感謝しなさい」と、借金の返済を求めているようなものです。主観的には見返りを求めるつもりがなかったとしても、相手が「……よかったよ」と答えざるを得ぬ雰囲気が醸し出されているのです。

他人に借金の返済を求めるのはよくても、他人から返済を要求されるのは嫌という、わがまま極まりないのが、人間という生き物。この程度の些細な「借金」ですら、積もり積もって、相手にとっては耐え難いものになりかねません。

親密な相手に対してほど負債増大

他人同士で席を譲るとか、ちょっと助けてあげるなどのささやかな場合は、そもそも誰もそんなに大きな見返りを期待しないので、借金の額もたいしたことになりません。

それに対し、カップルや家族や友人など親密な関係の相手ほど、人は多くを期待し、何かをしてあげたときの、借金と利子額がはね上がってしまう傾向があるように思われます。

「せっかく〇〇をしてあげたのに、どうしてそれに応えてくれないの！　もっと感謝してくれてもいいのに！」といった身近な人への怒りも、多くは借金の返済要求です。

献身的に尽くすのが好きそうに見える人であっても、実際は「我慢」をしているだけの話。「我慢」の限度をこえたら、「これだけしてあげたのに」という不満の気持ちが爆発します。

したがって、「あなたのためなら何でもします、尽くします」式の、大袈裟なばかりに献身的な行為を受けることは、巨額の借金を負うことだと覚悟しておく必要があります。後で必ず、つけを払うときがやってまいります。

かつて、山手線の電車内で「お前にあげたもの全部返せよ」とか「返すわよ！　もらったもの全部憶えてないけど」と別れ話をしている男女を目撃したことがありましたが。まさに絵に描いたような借金問答で、悲惨なことこの上ありません。

親切は相手にバレないようにこっそりと

家族にせよ、恋人にせよ、このような借金関係にがんじがらめになっているのでは、何のために一緒に過ごしているのやら。

見返りを求める欲望が強く巣食うようになると、心がカリカリして満たされないため、まず自分自身が苦しくなります。さらにその欲望が己を醜く見せ、相手との関係をギスギスしたものにしてしまうなら、よいことなんて何ひとつありません。そこで、そのような閉塞した借金帳は、焼き払ってしまうことをお勧めします。

たとえばお菓子をあげるときにしても、「美味しいからコレあげるよ」と言うよりは、「食べきれないから半分食べてくれないかな」とか、「買いすぎちゃったんだけど、食べてくれないかな」など。さりげない形で差し出せば、相手は負担を感じずに受け取ることができます。

親切は、相手に恩着せという借金を負わせることがないよう、親切心が相手にバレぬように、こっそり、ひっそり、ささやかになすのがよいのです。

幼年時代に通う学校では、「友達同士で貸し借りしちゃダメですよー」と教わります。この教訓には、見た目以上の真実が含まれているように思われます。先生も、たまにはよいことを言うもの。そういえばイエス・キリストも「よいことを行うときは人に見られないようにせよ」と言っています。

お布施とは、借金、帳消し。誰もが借金の利子を追い求めているなら、せめて自分だけでもまず、借金が生じない布施のテクニックを、身につけてまいりましょう。

非難訓練でこの世をサバイバル

絶望先生のネガティヴさに学ぶ

人の心は、自分の意見や好き嫌いに反するあらゆる物事を、「非難」として受け取り、傷つくようにできています。「非難」をそういう広い意味でとらえれば、人はいったい一日何回、非難されているのやら。そんな負の要因に満ちた世の中を愉快、かつ、しなやかに生き抜くために、「非難訓練」をいたしましょう。

ある冬の寒い日、世田谷通りにあるお蕎麦屋さんに駆け込んだことがありました。そこに置かれた「週刊少年マガジン」を何気なく、ぺらぺらめくっていたところ、掲載されていた『さよなら絶望先生』という作品の笑いクォリティの高さに、惹き込まれました。

主人公の糸色望（イトシキ・ノゾム）は、「糸＋色」で「絶」と読めてしまうことから、絶望先生と呼ばれ親しまれています。「スーパーネガティヴ教師。すべての物事を後ろ向きに考える超迷惑な男」と紹介されるこの先生、徹底した悲観っぷりが、笑いを誘います。

そして後日、朝の散歩をしていたら路上に五冊もの「週刊少年マガジン」が捨てられており、これはもう『絶望先生』を読めということだと思い、ごっそり拾ってまいりました。

その中に偶然見つけたのが、「非難訓練」というお話です。絶望先生のネガティヴさは過激ですが、見習うところが多くあります。ここで私たちも非難訓練をしてまいりましょう。

絶望先生は、現代の社会をヒステリックな「非難社会」としてとらえます。非難は現代に限ったことではないのですが、今の時代が人を傷つけるツールに満ちあふれているのは事実です。ゆえに、非難されても動じぬ「防災意識」が必要になってまいります。

「あー！　今、私のことを非難しましたね！　私は育ちがいいから非難されることに慣れていないんです！　深く傷つきました！　もぉ死んじゃおっかな」と言った絶望先生は、次のように続けます。「ま……まぁこんな心の弱い大人にならないためにも」「今こそ実施するべきです！　非難訓練を！」

傷つくたびに蓄積される負のエネルギー

非難を受けて傷つくことは、ゆっくりゆったりと、人の心を蝕み、暗い感情へと陥れます。たとえ一回のダメージは小さくても、自分でも意識しないうちに、ひそかに不快感が蓄積されてゆく。まるで花粉を浴びるたびに、少しずつ、自覚症状なく、不快感の目盛りが上がり、限界が来たら突如として発症する花粉症のようです。

この不快感のことを仏道では「瞋恚《しんに》」という特別な言葉で表現します。要は何かを「嫌だなー」と感じるときに心に蓄積される暗いエネルギーのこと。その「瞋恚」＝「不快感」の程度の差によって「漠然とした不満」＜「つまらない」＜「不安」＜「寂しい」＜「悲しい」＜「イライラ」＜「ムカツキ」＜「対象を消したい／壊したい」＜「殺意」といった感情のグラデーションができてきます。

暗いエネルギーは、私たちが普段意識できない、深い潜在意識の中に沈んで溜まり、種がまかれます。その種が気づかないうちに芽を出して噴出し、ネガティヴな意志や行動へと私たちを駆り立てる動力になるのです。怖いでしょう？

深い潜在意識の奥底に蓄積し、見えないところでうごめくこの燃料のことを、「業」＝「カルマ」と呼びます。ネガティヴな業として強力なのは、これまでにも度々出てきた貪欲《ヨクボー》と瞋恚《イヤイヤ》、それから愚痴《マヨイ》の三種類です。

何かについて「嫌だなー」という反応をすると、潜在意識の中に瞋恚《イヤイヤ》の業《カルマ》が増え、いろいろな物・事・人に対して不快感を抱く反応パターンが、強化されます。

単に自分と違う意見を聞かされるだけのことや、ほんの少し無視されたと感じただけでも、「慢」に関する苦の受を感じ、不快感の目盛りが上がってしまうのは、そのためです。

裏を返せば、普段から「嫌だなー」と感じずにいるよう心がけるなら、瞋恚の業が消耗して減り、そこからもたらされる感情が湧き出てきにくくなるのです。

何をやっても非難されて当たり前

仏陀は『法句経《ほっくぎょう》』十七章二二七節で「アトゥラよ、これは昔にも言うことであり、今に始まることではない。沈黙している者も非難され、多く語る者も非難され、すこしく語る者も非難される。世に非難されない者はいない」と仰っています。何をやっていても必ず、誰かから非難されてしまうのは、ごく当然だということです。

この世の中に生きているかぎり、どんなに頑張っていても必ず誰かは、文句を言ってケチをつけてくるものです。それでは一生、非難されっぱなしかと暗い気分になりそうですが、そうではありません。このような厳然たる事実を認めれば、いちいち「非難されたーー！」と腹も立たないものです。

そもそも、「非難」に対し、いちいち腹を立てたり傷ついたりするのは、「自分はこれだけしっかりやっているのだから非難されないはず」という期待や幻想があるからです。しかしこの期待も幻想も、しょせんは甘え。

そこで仏道の立場からは、世の中は非難に満ち満ちているのだから、「非難されてもそんなの当たり前だよね」くらいの感覚で幻滅しておくことを、お勧めする次第です。己の中に巣食って自分を堕落させる甘えを、幻滅によって撃退する、これも仏道のひとつの作法と申せましょう。

仏道式非難訓練のすすめ

絶望先生の非難訓練はといえば、「非難訓練の指導係」なるオジサンが出てきて、実際に生徒を非難して傷つけるというもの。「ブス」「ハゲ」「デブ」などといった罵《ば》詈《り》雑言《ぞうごん》が飛び交う非難訓練は、いささか雅さに欠けるので、ここでは仏道式の非難訓練をご紹介したいと思います。

人間はしょせん「五蘊」のかたまり

「非難」されて感じる不愉快さの原因は、どんなに複雑そうに思えても、もとをただせば、音・文字・映像・皮膚感覚といった単純な原材料によってできています。眼《ゲン》・耳《ニ》・鼻《ビ》・舌《ゼツ》・身《シン》の五つの感覚装置から受信した情報を、六つめの感覚装置であるところの意識で、いろいろ加工しているだけです。

たとえば「君は料理が下手だね」と言われて不愉快になったとき。

「料理が下手だね」と相手が言ったときの口調が、優しい言い方じゃなくて嫌な言い方だったとか、相手の表情も優しくなかったとか。そのような情報をすべてあわせて受け取ったうえで、「料理が下手だね」とは非難の言葉だな、と解釈することになるわけですが、最初に受け取るのは、「キミハリョウリガヘタダネ」という音の刺激。そこから不快感が生まれるところまでには、実は情報処理の時間差が存在します。

仏道では、人間はしょせん五蘊《ごうん》のかたまりにすぎない、という説明をします。五蘊とは、色《シキ》・受《ジュ》・想《ソー》・行《ギョー》・識《シキ》の五つの作用。いわば五つの玉をつないでつくられた数珠のようなものとして、人間をとらえます。

色とは、物質すなわちこの身体。

受とは、情報を受け取って、「楽《キモチイイ》」「苦《キモチワルイ》」「不苦不楽《ドッチツカズ》」の刺激を感じること。

想とは、頭の中にある概念の色メガネで見てしまい、物事を変形して理解、すなわち誤解する作用。

行とは、ほぼ業《カルマ》のことを考えてもらえれば分かりやすいと思うのですが、潜在意識の奥底に積もって、心をけしかけ駆り立てる作用。

識とは、五つの感覚装置を通じて入ってくる情報を単に受け取る作用です。実際に起きるプロセスに沿って並べ直すなら、以下のようになります。

（1）識　眼・耳・鼻・口・皮膚感覚から情報をとらえる
（2）想　情報を自分勝手な概念の色メガネで区分けする
（3）受　刺激（楽／苦／不苦不楽）を感じる
（4）行　「楽」の「受」には貪欲《ヨクボー》の業《カルマ》、「苦」の「受」には瞋恚《イヤイヤ》の業《カルマ》、によって反応し、それぞれの業を増幅させる

不快感を生み出す超高速の情報処理

耳なる物体（色）に、「キミハリョウリガヘタダネ」という音を受け取り（識、厳密には耳識）、それを単なる雑音ではない、意味のある人間の言葉として分類し、さらに「ヘタ」とはマイナスの意味を持つ、と自分の概念に当てはめて情報処理し（想）、不快な刺激を感じ（受）、自分の中にある反発感の瞋恚《イヤイヤ》の業《カルマ》に駆られて不快感の目盛りを上げ、まさにそれにより瞋恚《イヤイヤ》の業《カルマ》が増幅する（行）。

「君は料理が下手だね」と言われて不快になるまでに、人は無意識に、パパッと、このように面倒な情報処理を行っています。

このシキジュソーギョーシキの複雑な連鎖が、複雑であるにもかかわらず一瞬にして処理されてしまうのが、人間の驚くべきところです。

と同時にこの情報処理は、ほとんど誰もが、無意識のうちにやっていることなので気づきませんが、膨大なエネルギーを消費します。目にもとまらぬ早業が、心身にダメージを与える不快感をもたらすだけなら、エネルギーの消費は、単なる意味なき浪費、無駄遣いです。

五つの作用を同時にフル稼働させ、超高速の情報処理をしてまで不快感の目盛りを上げて怒る人は、心の仕組みがはらむスピードの奴隷です。

では、仏道はどのような作法によって、この心の恐るべき速度に対抗するのでしょうか。次に心のスピードをスローにして、不快感を「ただの音」に戻してしまう作法を述べたいと思います。

嫌な言葉も念ずれば「ただの音」

仏道には、先に説明した「念じる」という技法があります。ここでもその技法を用いることにいたします。

すなわち。

何かしら嫌な言葉を聞かされてしまったとき、それは単に音が自分に聞こえているだけのことなので、耳に意識を集中し、心の中の言葉、心言によって「音、音、音」と繰り返し念じてみる、というシンプルな非難訓練です。

「ただの音」を原材料に、勝手に加工処理をしてグロテスクな不快感をつくるのは、自分自身の心なので、「念」という作業によってその情報処理を停止させるわけです。

既に情報処理が始まって不快感の目盛りが上がってしまった後なら、その腹の立っている心をよく意識しながら、「あ、自分は腹が立っている」と気づいてあげるのが第一歩。色・受・想・行・識の働きのうち、「受」で停止してしまえば、無駄に不快感の目盛りを上げずにすみます。

　このとき、先ほども言ったように、「瞋恚《イヤイヤ》に関する苦の受、瞋恚《イヤイヤ》に関する苦の受」と念じることができれば、最良です。そのように念じれば、「ああ、自分が大切にしがみついている感情はしょせん瞋恚《イヤイヤ》にすぎない。苦の受を感じてしまうのは、自分がイヤイヤ！　をしているせい。イヤイヤ！　をやめれば苦も消え去るのであるなあ」と、心の底から納得することができるでしょう。

　さらに厳密に言えば、ここでは愚痴《マヨイ》の混乱状態も機能しています。働いている心をすべて列挙すると、「愚痴《マヨイ》・無慚無愧《ハジシラズ》・掉挙《クラクラ》・瞋恚《イヤイヤ》に関する苦の受」ということになります。

　ですが、ここまで完璧に観察する必要はありません。感受・感覚は「楽《キモチイイ》」「苦《キモチワルイ》」「不苦不楽《ドッチツカズ》」の三種類のみ。それらはたいてい、貪欲、瞋恚、愚痴の心と一緒に、私たちの心の中で生まれています。

　ゆえに、まずは、欲望に関する苦・楽・不苦不楽、イヤイヤに関する苦・楽・不苦不楽、迷いに関する苦・楽・不苦不楽の九種に分けて、自身の心や感情を切り刻んでみましょう。

　心言の力を借りれば自分の心の状態に意識が集中しやすくなるので、ボンヤリと感情に支配されることもありません。感情に流されてしまうのは、ボンヤリしてその感情をちゃんと意識していないためです。集中力のピストルに言葉の念を込めて、非難から生まれる負の感情を撃ち落としてまいりましょう。これぞ仏道的非難訓練。負の感情シューティング。

そうすれば不快感の魔法は解け、「ただの音」「ただの文字」「ただの映像」に戻ります。

生きるも死ぬも独りきり

赤の他人にならば優しくできる

「お布施の作法を身につける」で書いたように、人の心というものは、身近な人に対するほど期待も要求も強くなるものです。

「どうしてこれをしてくれないの？」「これくらいしてくれてあたりまえでしょ？」

身近な、大切な人にこそ優しく接したいと誰もが思うはずなのに、よほど注意をして己を律していないと、ついつい物欲しげな顔になり、自分濃度が高まり濁ってしまいます。

そして要求や期待といった「欲」が満たされないと、不満が溜まって相手への怒りや不快感が負のオーラとして発せられ、お互いの糸がこんがらがってゆくように思われます。

「かわいそう」と言って見返り抜きの同情を寄せることができる相手は、決まってどこか遠く、ＴＶスクリーンの向こうにいる被災者だったり難民だったりします。これは、身近な人たちに優しくできていない罪悪感の裏返しにすぎないともとれますが、ともかく、赤の他人に人は案外優しくできるものということには、一面の真実があるように思われます。

身近で大切な人にこそ幻滅しておく

私たちはいろいろな人たちと出会ったり別れたりする中で、「この人だけは他人のような気がしない」という感覚を抱くこともあるし、「この二人の間にしか分かり合えない感覚を共有できた」という感覚を抱くこともあります。その実感は、確か。ですがそれは「そういう気がする」だけの話です。どんなに近しい人であっても、ホントのところを言えば、それぞれ見ている世界は違い、どこまで行っても「他人同士」であることも、やはりまた確かなのです。

つまり「身近」とは、誤解、さもなくば幻想と申せましょう。

「自分たちは同じ」「分かり合えるはず」という誤解を前提とするから、分かり合えないと感じたときにガッカリしたり、相手を非難したくなったり。互いを期待値と要求で縛り合いながら不満を溜めてゆくことで、人間関係が歪んでゆくように思われるのです。

であるならば、「身近」という幻想を、幻滅させ解毒してしまいましょう。

いかに「身近に」感じられる相手であっても、安心して馴れ合いになってしまうのではなく、あくまでも一人の「他者」＝「他人」として敬意をもって接することが、長きにわたり、新鮮かつ良質な関係を保ってゆく秘訣です。

人は、赤の他人に対してはあまり多くを望みません。お互い他人であって完全には分かり合えないし、自分の望むことをそのまましてくれるはずがない、と思ってほどほどに幻滅しておいたほうが（ほどほどに、という匙《さじ》加減が大切なのではありますが）、思いが通じたときや何かをしてもらったときの嬉しさ加減も大きくなるものです。

踊り念仏で有名な時宗開祖の一遍上人は、皆で集まってゴキゲンなトランス状態になって踊りまくった人、というイメージがあるかもしれませんが、他方で、こんな言葉も残しています。

「六道輪廻《ろくどうりんね》の間には　ともなふ人もなかりけり　独り生まれて独り死す　生死の道こそかなしけれ」（『百利口語《ひゃくりくご》』）

生きるも死ぬも独りきり、というストイックな幻滅が、ここにはあります。しかし、「だから人と付き合わなくてよい」とはならず、彼は多くの民衆と交わりながら仏道を説きました。孤独だと意識することで、すっきりとフッきれて、どんな人とでもこだわりなく交流ができるようになる。仏道とは、綺麗な幻滅から始まる道なのかもしれません。

そこでドライかつきわめて単純な結論を申しましょう。陳腐な言い回しではありますが、親しき仲にも礼儀あり、ということなのです。

どっちでもいい、どうでもいい

綺麗でも不満、汚れても不満

私が、イエデカフェを営んでいたときのこと。

某所で友人と話をしていたところ、どういうきっかけだったか服装のことに話題がおよび、私の着ているジャケットにペンキがついている、という話になりました。

イエデカフェの内外装は、基本的に手作業で行っていました。壁にペンキ塗りをしたのは、ある寒い冬の日。お気に入りの暖かい黒ジャケットを着ていたので、当然のごとく、白のペンキが何箇所かついてしまい、汚れてしまったのです。

けれどそれ以来、これ以上汚れる心配をしなくてもいいという気楽さから、むしろ着る頻度が増しました。さらにはボタンを縫いつけリメイクまでして、ますますのお気に入りになっていたのです。

大切な服は、やはり汚したくないので、しまっておいてなかなか着なかったりするうえに、いざ着るときは汚さないように、いくぶん気をつけて行動しなければと思います。それは、ある意味、窮屈なものです。

かといって汚れるのが嬉しいかというと決してそうではなく、汚れたときは「あー、汚れて嫌だなー」という気持ちになり、綺麗にしようと試みたりもします。

このときの「欲」は、荒っぽく言えば「綺麗な服を着ていたい」ということなので、汚れてしまうとちょっと嫌な気分になります。一方、汚れたら汚れたで、服が気軽に着られていいよね、ということにもなります。

綺麗なほうがよい、とか、少しくらい汚れてるほうが気軽でよい、とか。綺麗でも窮屈だから不満、とか、汚れたらやっぱり不満、とか。意見はいくらでも好き勝手につくることができ、突き詰めればどっちでもいいのです。

本当はどっちでもいいはずのことを、いかにも「こっちのほうがよいからこうすべきだ」といった気持ちにさせ駆り立ててしまうのが、欲望です。

そんな欲望の罠《わな》にはまらないように、「ホントはどっちでもいいんだ」ということを、肝に銘じておきましょう。そしてそれは、執着少なく、「自分濃度」を薄める道でもあるのです。

矛盾でこんがらがった欲望を解毒する

恋愛においても、人はこの欲望の罠にはまりがちです。

知り合ったばかりで互いに緊張している頃は、ドキドキ感がいっぱい。だけれど、気を遣い合い、自分を抑えて丁寧に振る舞うことには、「堅苦しくって嫌だなー」という感じが伴います。

互いが仲良くなりすぎて、いわゆる「ごく自然な空気みたいな関係」になったときは、堅苦しさはときほぐれて気楽に付き合えるのだけれど、そのぶん、互いにぞんざいな態度になってしまったり。挙句の果てには「最初はこんなんじゃなかったのに。あの頃のドキドキ感を取り戻したい」などということになるのです。

そもそもドキドキ感と安定感とは両立しないので、どちらを手に入れても不満足。このような矛盾した欲望の罠にはまってしまうと、お互いの糸はどんどんこんがらがり、解決できない問題に落ちていくばかりです。

私たちを決して幸せにすることがない、欲望。その解毒剤は何かと申せば、「どっちでもいい」「どうでもいい」。

どっちでもいい、どうでもいい、などと言うとグウタラ・無味乾燥・やる気なし、というイメージが浮かぶかもしれませんが、それは大いなる誤解です。どっちでもいい、どうでもいい、からこそ、深刻な場面でもジョークを言ったりして場をなごませることができますし、しかめ面《つら》にならずにもすみます。それどころか「どっちでも」と洗い流し、何事をも受け入れられるようになった姿勢は、なんとしなやかで優美に見えることでしょうか。

喜怒哀楽の刺激はファストフード

こだわりや執着を少なくと言うと、「喜怒哀楽こそが人にとって大切なのに」「執着しない生き方なんて無味乾燥でつまらなさそう」という、あまりにもベタな反応が、しばしば返ってきます。

ですが、あるかたの御言葉を拝借すれば、喜怒哀楽によって得られる刺激は、ファストフードのきつい味つけ。それに慣れてしまうと、洗練された上品な味つけの料理が、「無味乾燥で不味い」としか感じられなくなります。

反対に、こだわりや執着を少なくするほど、素材の持ち味、すなわち洗練された繊細な感覚に対するアンテナは研ぎ澄まされてまいります。

そもそも「これじゃなきゃだめ」と思い込むことが、またひとつの罠です。「この人がすべて」とか「仕事がすべて」とか「お金がすべて」とか「宗教がすべて」とか、そんなのはあり得ないこと。あり得ないことを欲望するのは、ストレスの素であるだけでなく、絶対に失敗が許されない、絶対に失ってはいけないというプレッシャーまで伴うので、ますますフシアワセになるだけです。

そうであるなら、どっちでもいいやと肩の力を抜き、「自分濃度」をきれいに薄めてゆきたいものです。

結果をすべて受け入れる

求める愛の耐えられない重さ

仏道に渇愛《かつあい》という言葉があります。欲望に駆り立てられ何かが欲しくてたまらないという心のあり方のことです。

欲しいものが手に入る前は、人は「まだ手に入っていないから足りない」という感覚に駆り立てられています。漠然と生きていると、これが苦痛であることに気づかないのですが、瞑想をして心の働きを微細に観察すると、「欲しいよ、欲しいよ、足りないよ」という感覚が、実は苦痛であることが発見できます。この苦痛が「自分濃度」を高め、己を醜悪にします。

そして欲しいものが手に入ったら入ったで、今度は飽きてしまったり、「ちょっと思っていたのと違いますわ」などと粗探しを始めたり。やはり勝手に不快感をつくりだし、自分にダメージを与えます。

仏道では渇愛を戒めますが、これは、こんなことをいつまでも繰り返していてはいけないという、痛烈な叱咤なのです。

人は他人に受け入れてもらうことで、自分の欠けているところを満たそうとします。人は誰しも不完全なので仕方がないのですが、欠けていることへの不安が大きければ大きいほど、相手に求めるものが大きくなり、相手の負担も大きなものになります。

すると相手は、その「欲」の重さに疲れて、逃げ出したくなったりします。

親が子に期待という形で寄りかかるのも、想い人への恋愛であっても、同じです。相手の肩に「欲しいよ、欲しいよ」と重くのしかかってしまうことにより生まれる壊滅的なデメリットは、数え上げればキリがありません。

潔く、軽やかに、ゆったりと

自分自身がゆったりと安定しているなら、「この人が自分のすべて！」とはなりません。どんなに相手が大切であっても、ダメになったらダメで仕方がないや、くらいの軽い感覚になれるものです。

そして、気持ちがこのくらいユルイほうが、物欲しさの対極にある気品のようなものが生まれ、結局のところ、うまくゆきやすいように思われます。ものすごく乱暴にまとめれば、以下のような道行きとなります。

不安定→欲しくてたまらず自分剝き出し→相手に重く近すぎる→壊滅

ダメならダメで仕方ない→相手に多くを求めない→軽くほどよい距離→続く

私が申します「どうでもいいや」は、投げやりに思うことではなく、「どうなっても最終的には受け入れられるよ」という潔く軽やかな心持ちのことです。それが結果としては、互いの関係を大切にすることになり、ひいては相手に対する優しさにもつながるのです。

Ⅲ　自分を高める心のお稽古

世知辛い日常をゴキゲンに

「自分」というやつは、いつだって、「ジブン、ジブン」と欲望でうるさく引っ張り、イヤイヤ！　でうるさく押しのけ、迷いでうるさく回転します。これら三つの毒があるとき、心も言葉も所作も、すべてが乱雑でうるさく醜く、他人に迷惑を及ぼします。

しかしながら欲望、イヤイヤ！、迷いは、誰もが大好きで、頭で分かったつもりになっただけでは止められません。私たちは、欲望、イヤイヤ！、迷いを食べすぎて太り、食べたものは心の奥深く、潜在意識の中にたっぷり溜まってゆくので、手に負えません。

潜在意識の中に溜まりに溜まった欲望、イヤイヤ！、迷いをダイエットして、上品になるために、仏道の瞑想は効果抜群です。

ここからはイエデ式坐禅瞑想会で指導してきた内容から、世知辛い日常をゴキゲンに切り抜けてゆくエッセンスを抽出して、お届けいたします。ごく普通の方でも日常生活の中で実践できるようなレシピで調理して、ご提供いたします。

本来の修行では、瞑想対象を、比較的意識をはっきり向けやすい体や呼吸から始めます。そこで得た集中力や平常心を応用して、今度はもっと繊細でとらえにくい気持ちや心を対象にしてまいります。

具体的には体や呼吸の観察→受《シゲキ》の観察→心の観察→法則の観察という順番で進めてゆくのですが、ここでは特に修行が目的ではなく日常生活へのアレンジ編なので、「身《カラダ》」と「受《シゲキ》」を観察してコントロールする手習いの、初歩の初歩、にとどめておくことにいたしましょう。

まず知っていただきたい大切なこと

絶えず浮気する意識をつかまえる

「彼はなぜ、私を好きなくせに他の人と浮気をするのでしょう?」という問いに、根本的な（根本的すぎて解決にはならぬ）答え方をするなら、「彼に貴女に対する集中力がないからです」と、戯《ざ》れ言を申すことができます。いえ、戯れ言ですが、真実。

そもそも意識は、非常に浮気が好きで、ほんの一瞬のうちに次から次へと猛烈なスピードで飛び回っています。

人と話しながら心が浮わついて「この人との会話はつまらないな、ところで今晩何を食べようか」と考えたり、晩御飯を食べながら先ほど話した内容を思い出して気分が悪くなったり、話の内容を思い出している最中にいきなり意識が飛んで、今日は何時に寝ようかな、と考え始め、眠るときには明日はどうしようかな、などと考えるのです。

会話に集中していない、ゆえに中途半端。晩御飯も中途半端。気分が悪くなることにすら中途半端。眠ることも中途半端。すべて中途半端にしか集中せずにやっているせいで、本来持っている力の一万分の一も、発揮できていません。

これは、心の力でいえば「迷い」の力によるもので、次から次に思考を回転させては欲望やイヤイヤ！　の無駄なエネルギーを浪費する結果となっています。

ここで紹介する瞑想法は、どれも「迷い」を止める訓練であるという点は共通しています。すなわち、飛び回ろうとして逃げ回る意識をつかまえ、瞑想対象に向かってググーッと一点に集中してみる。そうすることで、並外れたエネルギーが生まれます。

手習いを繰り返せば繰り返すほど、意識の浮気性と、浮気が原因である欲と怒りが改まり、繊細かつ上品な心が育まれるのでお楽しみに。

三つの力で集中状態をチェック

仏道の瞑想においてとても大切な、念《ねん》／定《じょう》／捨《しゃ》の三つの力を育みましょう。ちょっと今日は心がざわついているなあ、瞑想してみてもうまくゆかないなあというときは、「念、定、捨」という順番で、意識があちこちに浮気していないかどうか、集中できているかどうか、チェックを入れてみるとよいのです。

［ステップ1　念］
念とは、瞑想対象に向かって、ただ単に何も考えずに意識を向け、ロック・オンすること。念力が成長すると、心や体に起きている変化に、いつでも瞬時に気づくことができます。

［ステップ2　定］
定とは、念でロック・オンした瞑想対象に向けて（対象が体でも気持ちでも心で

も）、グググーッと自分自身を一体化させるようなつもりで一点集中すること。定力が成長すると、強い集中力により意識のコントロールが自由自在になります。

［ステップ3　捨］

定にて体の感覚や心を実感したら、次はその対象について貪欲《ヨクボー》で引っ張ったり、瞋《イヤ》恚《イヤ》で押しのけたり、愚痴《マヨイ》で回転したりせず、波立たぬ平静さを保ちながら観察を続けます。これが捨。「捨」と言っても、強引に力ずくで捨てるのではありません。心が対象を引っ張ったり押しのけたり回転したりするクセさえなくせば、対象はごく自然に流れ去ってゆきます。「捨」が成長すると、来るもの拒まず去るもの追わずの平常心が身につきます。

「今、念はできてるかな？」「定はあるかな？」「捨はできてるかな？」という具合にチェック、チェック。念力も定力も「捨」も、不思議なことに、「足りていないな」と意識できればそれだけで、意識により心が最適化されて、それぞれの足りない力が補われるように思われます。

いつ、どこで、いかなるふうに

［イエデ］

日々の雑事を少しなりとも忘れられる空間にちょっとイエデして禅ができれば理想的です。お寺の本堂やさびれた神社、人気のないヘンテコな遊園地、早朝の公園、図書館、時代から取り残されたような静かなカフェ、森の中や山の中など。いえ、しかしながら、瞑想はどんな場所でもできることを、忘れないように。

［ダイエット］

お腹がいっぱいでは、身軽にイエデできません。食べすぎてから瞑想すると、お腹に血液が集中するため、ほぼ確実に眠ってしまいます。日頃から、ダイエットをかねて、慎ましき小食をお勧めします。

［姿勢］

行・住・坐・臥、どんな体勢でも結構です。本格的には、結跏趺坐《けっかふざ》や胡坐《あぐら》や正坐の姿勢で行います。

［背筋］

背筋をできるだけピシッと、一本鉄棒でも差し込んだように伸ばしましょう。すると集中力が高まります。ただし瞑想が深まれば、背筋は自然にビシッと伸びるので、最初うまくゆかなくても気にする必要はありません。

［瞑る］

他人がそばにいない独りのときであれば、集中力を高めるために目を瞑って行うのがたいへん結構です。

［呼吸］

「さあ瞑想だ、坐禅だ」と力んで特別な呼吸をつくろうとせず、自然に放っておいた状態で、出入りする息を感じるようにします。ただ、心が乱れてしまったときの応急処置として、呼吸をできるだけ長く、深く、滑らかに、精妙に、穏やかに吸い、吐くように操作すると、心が落ち着くことを覚えておきましょう。

［時間］

時間帯は、夜明け前、早朝や月夜など、ちょっと日常からイエデできる頃合いがよいでしょう。

一回にどれくらいの時間、取り組むかについてはご自由に。一分でも十分でも、三十分でもよいのです。ただ、姿勢を変えずに、一時間続けられるようになると、たいへん結構です。

［平常心］

実践の最中に湧き出てくる感情や心に対して、「ああ欲が出てきた、ダメだ」「怒りだ、消さなきゃ」「迷いだ、情けない」といった形で反発をせず、ただありのままに、出てくる感情を観察しつつ受け入れて、平常心を保ちましょう。捨て去らなきゃと反発したり抑圧したりしようとすると、新たな怒りの業になり、その反発力によって感情の火に油を注ぐ結果となります。

［言葉］

瞑想に言葉を用いる場合、必要がなくなりしだい言葉は捨て去りましょう。本文にも記したように、瞑想対象をロック・オンしやすくするために心の中で言葉を念じるのは、最初は補助ツールとして役立つこともあります。ですが、それから先に進んでありのままの現実を感じ取るためには、むしろ邪魔になってくるので、言葉を使わずロック・オンができるようになれば、そちらのほうが好ましいのです。

集中と自己観察をお稽古する

「出入息念」で呼吸を追跡する

「私は呼吸が大好きなので毎日呼吸を可愛がっています」とか「自己紹介しますと、私の趣味は呼吸することです」とか「僕は呼吸なんてトラウマになるほど嫌いなんだよね」という方は、滅多にいらっしゃらないでしょう。

呼吸は「好き」の欲や「嫌い」の怒りを伴わないので、瞑想対象として便利です。好きでも嫌いでもないものを「ただ見つめ続ける」によって、「好き」を欲で引っ張ったり、「嫌い」を怒りで押しのけたり、という自動的な連鎖反応に巻きこまれずにすむ力、すなわち平常心を、成長させることができます。

平常心が高まると、意識のコントロール力は格段に向上します。「前はこんなに意識が散漫だったのに、出入息念を始めたら集中力が五千倍に！　今なら無料で配布中です」といった具合です。

では始めましょう。「出入息念」は十六の段階を一歩一歩極めてゆく高度な修行法ですが、ここではその初歩の初歩だけを調理して記します。

背筋を伸ばして座ったら、目を瞑って、できるだけ自然な呼吸をします。

息を吸うときに、空気が通ってゆくのをロック・オンし、意識によって追跡してください。離れずに、ぴったりと。鼻孔から鼻の頂点を通って気道を抜けてゆき、お腹までたどりつく経路を、ありのままに追いかけます。そのときそのとき、一瞬一瞬、鼻の入り口に空気が触れる感覚、鼻の穴を空気が上昇してゆく際の温度やこすれる感覚、気道を空気が通ってゆく感覚、空気がお腹に到達してお腹が膨らむ感覚などを、できるかぎりはっきりと実感するように、しっかり照準を定めロック・オンしてまいりましょう。

息を吐くときは反対に、お腹が縮む感覚から始まって、鼻孔から空気が出てゆくときの感覚までを、できるかぎり肉薄して感じ取るようにします。その際、感じ取っている部分以外のことは、すべて忘れてしまうくらいの集中力を注ぎ込みましょう。

集中すればするほど、つまらぬ自我や雑念が消滅し、心の波がスーッと静まってゆくのが分かるはずです。呼吸以外の他の感覚が気になったり考えごとを始めて意識がそれてしまった場合も、それはそれで仕様のないことなので気にせずに。気にし始めたら余計に意識がそれてしまうので、強引にでも意識を呼吸へと戻します。

ある程度、慣れてきて呼吸を追跡できるようになってきたら、初歩的な集中力がついてきた証拠です。次はちょっとズルをして呼吸を変化させてみましょう。できるだけ呼吸を長く、深く、滑らかに、精妙に、穏やかにするように、意識的に呼吸を変えてみると、明らかに心や体が落ち着いてゆくのが分かります。

そうしたらこのあたりで、追いかけっこするのはやめ、一点集中の釘付けに入ります。意識を縛りつけてしまいましょう。

追いかけっこしていたのを突然やめて、ピョーン。息が通ってゆく道のどこか一点に飛び移ってください。そこにとどまって、息の定点観測をします。

鼻孔や鼻の頂点もしくは気管の入り口など、できるだけ小っちゃな範囲のポイントをひとつ決め、そこを空気が入ってゆく感覚と出てゆく感覚のみに全意識を注ぎ込みます。意識を向ける範囲が小さければ小さいほど、一点集中を究極まで高めることができることを覚えておきましょう。

その一点に「一所懸命」、一所に命がけでとどまり、意識を微動だにさせぬよう精神統一を高めます。そこに起こっている空気の流れや暑さや冷たさなどを、何も足さずに何も引かずに、ただひたすら感じ取る手習いです。

もしも完璧な一点集中が実現すると、禅定《ぜんじょう》とか三昧《さんまい》とか呼ばれる状態になり、強烈な喜悦感に包まれたり、光やリアルなヴィジョンが見えたり、己の過去が見えたり、浮遊感覚を得たり、といった超常体験や神通力が、人それぞれの能力に応じていろいろと発現します。

ですが、それらの神秘体験に夢中になるのは欲望の業を積むだけなので、注意が必要です。禅定に入ったら、その超越的な力を使って無意識の領域にまでもぐりこみ、己の心を探検することで、自分の心の奥底に溜まった泥を根こそぎ消し去ることこそが仏道の目的なのです。

禅定や三昧にまでは至らないにせよ、「出入息念」は、ちょっとした空き時間にちょびっとばかり実践しただけでも、効果はてきめん。欲望やイライラ、緊張感や焦り、迷いや優柔不断、それらはすべて消え去り、気分が澄みわたります。騙されたと思って試してみることをお勧めいたします。

「身随念」で今ここにある身体感覚に集中

身随念は、「今、ここ」で実際に起こっている体の感覚へと意識を一点集中し、そこで起こっている感覚をありのままに実感する手習いです。仏道では、「三十二分身《さんじゅうにぶんしん》見《けん》」といって、体を三十二個の部分に分けて細かく観察したり実感したりしてゆくという修行法もあり、まるで自分で自分をバラバラに解剖してゆくような、スリリングな体験ができます。

かなり熟練してくると、体を伝わる神経パルスの信号や、小さな細胞ひとつひとつの変化、あるいは体から流出入している気の流れ（のような、波動のようなもの）が読み取れるようになったり、あるいは普通は肉眼では見えない、赤よりも波長が長い光線や紫よりも波長が短い光線といったようなものが見えるようになったりします。

そうなると、己の心が変化した瞬間に、連動して体のどこかで微細な反応が生じているのが瞬時に分かるようになります。体を実感する能力を高めておけば、心の変化に対しても敏感になり、心に何か問題が起こってもすぐに解決できるようになってまいります。

[食べても食べても満ちたりないとき]

食べるとき、体の感覚へと意識を一点集中する瞑想作法を、私は食べる禅、食禅と呼んでいます。

ほどほどに欲望を持ちながら食べたほうが美味しいに違いない、瞑想しながら欲望抜きで食べるなんて、味気ないに違いない。そう思うかもしれませんが、実は逆です。

ここでのパラドックスは、こうです。「美味しく味わいたいヨー」という欲望に駆られて食べると、むしろその雑念のせいで、味わう能力が低下します。普通は、欲望に駆り立てられるスピードで食べているので、味も、触感も、香りも、本来の百分の一すら味わえていないのです。

反対に、はやる欲望を抑えて、味、触感、香りに意識を集中しながら食べると、感覚のセンサーがきわめて敏感になり、めまいがするほど多彩な味わいを感じ取ることができるようになります。しかも、そこに欲望の雑念はなし。

私の営むイエデカフェで開催していた坐禅瞑想会では、せっかくカフェを使って坐禅会をしているのだからと、「食禅」の手ほどきをしました。私がつくった簡素な精進料理やデザートを、参禅者とともに、瞑想しながらいただきます。

食禅を手ほどきする際に、参禅者の動作を拝見していると、たいてい最初に注意をすることがあります。それは、食べ物を嚙んでいる間に早くも、箸が既に「次はこれが食べたいヨー」と、食品をつかんで待ち構えてしまっていること。多くの人が、前のものを飲み込むとすかさず、待ち構えていたものを口に投げ込みます。

これはほとんど、絶え間なく胃に「エサ」を送り続けるベルト・コンベアー方式です。単に下品なだけでなく、次に食べるものへの欲望に意識を浮気させているため、「今、ここ」で食べているものの味わいが分からなくなるのも当然と申せましょう。

そのうえ思考を空回りさせながら食べてしまうと、浮気はさらに激しくなります。食べながら、何か嫌なことを思い出してイライラしていたり、何か楽しいことを考えて上の空になったり、食べた後に何をしようか考えたり。

意識はいつもさ迷い歩き、食べること以外のことばかりに浮気します。食べたいから食べているはずなのに、いざ食べ始めてみるとこのありさまでは、食べたいのか食べたくないのか分かりません。

意識が浮気すればするほど、「食」の実感がとぼしくなり、たくさん食べても食べても、なかなか満足できない状態となるように思われます。欲望と不満足は共犯するのです。

では意識を、「今、食べている」という現実に釘付けにするにはどうすればよいのでしょうか。

箸を手に取るときの感覚から始まり、食べ物を箸に取るときの動きや、口に入れるときの感覚、それから食べ物を噛むときの感触をよく実感し、ひたすら意識を集中してまいります。

さて、食品を噛みしめるときの感覚をロック・オンし、意識をそこだけに注ぎ込み感じ取ってみましょう。それがしっかり感じられるようになったら次に、舌の動きに意識を向けると、舌が味わったり触感を感じ取ると同時に、食べ物を攪拌《かくはん》するためにグルグル回っているのも実感できるでしょう。食べ物が、だんだんグチャグチャに流動化しながらグルグルグルグルと回り続けている触感を、しっかり感じ取ってまいります。

舌の感覚をロック・オンしてみるとよく分かるのですが、味わいを感じることができるのは、舌の上側のみです。そこに様々な食品のかけらが触れると、「味」が生まれます。動き回る舌の感覚に集中すると、舌には大量の感覚が一瞬の間に生まれているのが分かります。

舌のそれぞれ別の場所に、滑らかな感覚、ざらざらした感覚、ツブツブが当たっている感覚、ドロドロしたものが触れる感覚、食べ物の細胞が破裂し甘い液が飛び出したものが触れる感覚、などなど。そしてそれらの感覚と一緒に、えも言われぬほどきわめて多彩な味が生まれては消えていっているのが、次第に読み取れるようになるはずです。

このとき繊細に広がる味わいの世界に比べれば、「馥郁《ふくいく》たる何とかかんとか」だとか「甘さと酸味が絶妙に調和してどうのこうの」だとかの評論は、あまりにも大雑把すぎます。それにそれらは直接の現実ではなく、概念やイメージに振り回されているだけのものです。

瞑想しながら食べるほうが、深く味わうことができるのです。

食禅は、味や触感だけでは、まだまだ終わりません。嗅覚にやってきている香り、己のあごの動きへと、意識を動かしてまいります。

飲み込むときの感覚もロック・オン。次はすかさず、食品が食道を通ってゆき胃に落ちるまでの感覚をロック・オンして追跡。慣れれば、食べ物が食道を落ちてゆく際に螺旋《らせん》状の回転をしながら落ちてゆくところまで、実感できます。

そして最後には、落ちたものが臓腑《ぞうふ》にしみわたってゆく感覚を、可能なかぎり集中力を注ぎ込みながら体感します。できるだけ多くのことをひとつひとつ順番に、ありのままに感じ取ってまいります。

上達すれば、同じ食品でも一回一回噛みしめるたびに、まったく違う感覚や味が生じ、その都度、前頭部に神経刺激が送られている感覚までもが、意識できるようになるでしょう。

とはいえ、最初からすべてを追跡するのは難しいので、噛むときの感覚とあごや舌の動き、それから味くらいにしぼって実践するとよいでしょう。

食禅を手習いすると、「食べている」という、「今、ここ」で起こっている現実から意識が浮気をしなくなるため、非常に落ち着いた満足感を得ることができ、そのとき

そのときに本当に必要な量以上は食べなくなります。

それに食べ方そのものも上品で丁寧になるので、傍目《はため》にも美しいものとなります。

［眠れない夜に］

眠れない理由は、単純明快です。考えごとが、空回りし続けるためです。「今、ここ」で起こっている身体感覚に意識を集中することで、「今、ここ」から浮気して過去や未来へと飛び出してゆく考えごとを止めてみましょう。

考えごとが止まると、体が心に引っ張られて興奮するのも止まります。ゆえに体が自動的に最適化して、スーッと深い安眠に入ることができるようになるのです。

さて、横になりながら、体の各部分に、テンポよく意識をめぐらせてまいります。

まずは手のひらや足の裏などに意識を一点集中してロック・オンし、そこの感覚を実感します。そうしたら次は頭頂部、その周辺の頭皮、それから顔、首、胸、腕、背中、足、足先といった具合に意識を移動させてゆきます。

読み取る感覚は、そこに実際にある感覚なら何でもよいのです。空気が触れている感じ／ドキドキ／ムズムズ／痛み／かゆみ／接触感覚／圧迫感／暑さ／寒さなどなど。

集中力が高まってくると、それらよりもはるかに微細な感覚を読み取れるようになり、ゲームのような面白さです。

それをしばらく実践していると意識が体に集中するため、無駄な思考が働かなくなり眠りやすくなるでしょう。

［頭・喉・お腹などが痛いとき］

風邪をひいたり、病気をしたとき。ベッドで横になって「痛いよー、ツライよー」と嘆いていても、心が暗くなってよけいに治りが遅くなるのみです。痛みを瞑想の対象にして、有意義な時間に変えてしまいましょう。

目を瞑り、痛い部分を念力にてロック・オン。その一点に向かってグググーッと、定力にて意識を集中させます。そして、「痛い、嫌だ」と症状に反発する気持ちを持たずに、平常心で痛みを細かく観察し続けてみてください。この痛みもまた、流れ去る定めなり、と「捨」の力によって念じましょう。

しばらく続けていると、漠然と「このあたりが痛い」と思っていたのは勘違いで、実は患部周辺に別々の細かな痛みが組み合わさって、現れたり消えたりしている、つまり痛い場所もあれば痛くない場所もある、というのが分かってくるはずです。

痛み、寒さ、凝り、かゆみ、などをはじめとする不快な感覚は、心が情報処理して勝手に作り出している雑な感覚にすぎません。その大雑把な感覚が生まれている場所に念を向けロック・オン。そうすれば、今までは大雑把にしか感じ取れていなかった感覚が、実はより小さく繊細な神経感覚がたくさん集まって成り立っているということを、感じ取ることができるようになります。

それがうまくいけば、今度はたたみかけるように、バラバラに分解した小さな感覚のうちのひとつをロック・オンして、それだけに意識を集中してゆきましょう。すると、その小さな感覚も、さらに細かな感覚が集まって成り立っていることが分かり、バラバラに分解して感じ取ることができるはずであります。

バラバラにされた小さなひとつひとつの神経感覚自体に、もはやたいした威力はありません。砂糖や塩の分子を一粒だけ舐めてみても、甘さも辛さも感じられないように、痛みも寒さもバラバラに砕かれて、感じられなくなるのです。

ちゃんと実感しない↓大雑把にまとめて感じる↓痛かったり寒かったり、不快。

ちゃんと実感する↓繊細↓バラバラ分解↓痛みも寒さも消滅、気分爽快。

ここでのパラドックスは、実感なんかしたらよけいツラそうだという常識に反して、ちゃんと実感することによってこそ、不快感は分解・消滅するというところにあります。

そこまで分解するのは不可能だとしても、できるだけピンポイントで痛みに一点集中し、それを実感するのに集中すればするほど、痛みは細かく分解し、気にならなくなり楽になってまいります。

さらに精神統一を増してゆけば症状自体が緩和され、治癒すらします。私の実感では、たいていの疾患はこの方法で治せてしまいます。

症状に対して反発することなく純粋に意識を注げば注ぐほど、その部分の組織が活性化して症状に自動的に対応するようになる、そのような道理です。

なお、大切なポイントがひとつ。「瞑想して治りたいヨ！」という気持ちは、症状に対する瞋恚《イヤイヤ》の反発心であり、ロック・オンする念力や一点集中の定力を弱め、平常心の捨力を低下させるので要注意。「あ、自分は治りたいと反発してるな」と、念力にて自身の心をロック・オンして感じ取ってあげれば、自然に「治りたいヨー」という執着は消え去ると、覚えておきましょう。

［大切な場面を前にして緊張してしまうとき］

肩がこわばっていればそのこわばりを、呼吸が乱れていればその乱れを、鳩尾《みぞおち》に不快感があればその不快感を、それぞれ集中してできるだけ細かく感じ取るようにしてください。細かくありのままに感じ取るほど、こわばりも乱れも不快感もバラバラに分解して威力を失います。すると、その原因になっていた心の緊張感も薄れてゆきます。

あるいは、先述の「出入息念」という呼吸瞑想も、緊張を一気に解決するために有益です。一世一代の大勝負を張る前に、三十分ほど呼吸瞑想をしてから出掛ければ、きっと失敗はありません。

「受随念」で苦楽をありのままに感じ取る

「出入息念」や「身随念」で集中力や平常心をあるていど手習いしたら、そのエネルギーを気持ちや心をロック・オンするのに応用してまいりましょう。

受随念《じゅずいねん》とは快や不快の刺激をありのままに感じ取る練習。心随念とは自分の心の状態をありのままに感じ取る練習です。楽《キモチイイ》・苦《キモチワルイ》という「受《シゲキ》」も、気持ちに対する反応として生まれてくる複雑な貪欲《ヨクボー》・瞋恚《イヤイヤ》・愚痴《マヨイ》の「心」も、ありのままに感じ取ってみれば、本来なら流れ去り消えてゆく「無常」なものです。

どこにあるかも分からないフワフワした「気持ち」に、意識を集中してありのままに感じ取るなんて無理と思われるかもしれませんが、練習さえすれば、誰だってできるようになるものです。

身随念の手習いにより身につくのは、どんどん繊細で微細なるものを感じ取れるようになる能力です。その能力を使って、今度はさらに繊細で微細なる気持ちというものに意識を注いでゆけばよろしいのです。

体や呼吸に意識を集中して養った念力によって、自分の中にやってきて暴れ回っている気持ちがいったい何なのかをよく見極めたなら、ロック・オン。そこに気持ちよさがあるならその気持ちよさに、そこに苦しさが見つかればその苦しさに向かって、意識を一点集中、注ぎ込んでまいりましょう。

この一点集中が、さしずめ、気持ちを食すためのフォーク&ナイフ&スプーンです。

苦しさを完全にロック・オンしたら、「あー、自分ときたらこんなふうに苦しくなっちゃってるなー」と、苦しさを残さず食べきるのです。ちゃんと実感する努力を続けていると、そのうち、今までは漠然と「苦しい」としか感じていなかったものが、もっとハッキリとしたクリアな感覚として味わえるときがやってきます。そうすると「あれ？　苦しさって案外、たいしたことないなあ。漠然と苦しいと思っていたけれど、ちゃんと味わってみたら、そんなに苦しくない成分や全然苦しくない成分も混じってるし」とでもいうような気分になり、それと共に、苦しみはバラバラに分解して完璧に流れ去ってゆきます。

美味しいからといって欲望にとらわれ、「取っておいて後でもっと味わいたいヨー」、という具合に、味わい尽くさずに、残してしまう。あるいは、美味しくないからと、臆病にもおじけづいて「もう食べたくないヨー」と怒りの反発をして、食べ残す。どちらの場合も、残った残飯は、心の奥底に溜まって腐敗し、業《カルマ》となるので、なにもよいことはありません。

とりわけ、不快感という名の残飯を手放さずに食べ続けるために、人はいろいろな理屈を並べ立て、デコレーションをして複雑にします。そして何か自分はとても立派なことを考えているように思い込むのですが、真実はシンプルに「苦《キモチワルイ》」「楽《キモチイイ》」、それだけのことなのです。

このシンプルさへと圧縮することにより、複雑にデコレーションされていた気持ちは一刀両断されます。「苦しみは嫌だ」とか「楽しいのをもっと味わいたい」という反発心と欲望が消えてゆき、反発心の反発力や欲望の引力がなくなれば、気持ちはちゃんと食べきられ、流れ去ります。

たとえば「あー、自分は今、欲で苦しんでるんだなー」と実感をもって感じてあげれば、逃げずにちゃんと味わったぶんだけ欲や苦が減り、スゥーッと軽くなる瞬間が訪れるのです。

では、様々な気持ちや心を原材料に、料理して消化するためのレシピ集を、思いつくまま、以下に列挙してまいりましょう。気持ちに意識をロック・オンして念じやすくするために最初は言葉を用いて念じてもらいますが、ロック・オンができさえすれば、あとは言葉は捨てて、ひたすらその気持ちを味わい尽くすことに専念してください。

では、召し上がれ。

[うっかり自分語りをしそうになるとき]

●複雑化した気持ち

「わたくしは一人で修行を積んで、精進に励んでいますよ。以前よりもずっと立派な人格になり、周りの人たちにもきわめて良い影響を与えることができるようになりました。これを皆にも教えてあげましょう」

○単純解消レシピ

自分語りや自慢話は、ふとした瞬間に口から飛び出し、その場の雰囲気を凍らせつつ、人様の前で自らの品位をおとしめます。そこには、自分を分かってもらいたいという貪欲《ヨクボー》と、自分の評価を気にする慢という業《カルマ》が暴れ狂っているのですから、それが真実。しかしながら、自分語りをしている真っ最中は、その真実を忘れてしまっているもの。それを思い出してクールダウンするためにも、「欲と慢の楽受、欲と慢の楽受、欲と慢の楽受」と念じながら、「評価してもらって気持ちよくなりたいヨー」と恥ずかしげもなく暴れ回っている気持ちをロック・オンいたしましょう。その気持ちへと意識を集中させながら、無作法な気持ちよさを味わい尽くすのです。すると、欲も慢も薄まるかもしくは消え失せ、無駄話に終止符を打てます。自分語りなんかを聞かせるよりは、優美なる沈黙を守りましょう。

［何かしてあげたのに、感謝を返してもらえないとき］

●複雑化した気持ち

「別に感謝してもらおうと思って変な顔の仏像をプレゼントしたわけではないですけれども、やはりありがとうの一言くらいはくれてもよさそうなものではないですか。しかも感謝どころか、文句を言ってよこすだなんて。よくよく考えるとあの人は失礼千万な人ですよ、まったくもう」

○単純解消レシピ

人はよく「感謝してもらおうと思ってやったわけじゃないけれど」と言い訳をしますが、悟った人でもないかぎり、よいことをしてあげたら「感謝してほしい」という欲望が何パーセントかはまぎれこんでいるものです。まず「感謝してほしいヨー」という欲望が満たされずに自分が苦しんでいる、情けないありさまを直視しましょう。「迷いと欲の苦受、迷いと欲の苦受」と念じ、イライラした気持ちに対して意識を集中し続けます。そのイライラをすみずみまで実感し、残さずきれいに食べ尽くすのです。そうすると苦しみは薄れ欲の業《カルマ》も減り、澄んだ気持ちが返ってきます。

［複数の選択肢の間で迷うとき］

●複雑化した気持ち

「ああ、あのお洋服はデザインがすごく気に入っているのですが、サイズがちょっと合わないみたいです。こちらのお洋服はついている小鳥のマークのボタンがきわめて可愛らしいのですが、色合いが少しだけ気に入りません。どちらかを買おうと思うのですが、どちらも決め手に欠けており、迷ってしまって決められません」

○単純解消レシピ

どちらにしようか迷っている状態は、本人も気づかぬ間に「迷い」の業《カルマ》を刺激して、心の深いところに苦痛を発生させるので要注意。あらゆる場合において言えることですが、どちらか迷っているということは、どちらにも欠点があるということであり、すなわちどっちでもよい、ということなのです。いったん売り場を離れて「迷いの苦受、迷いの苦受」と、心の中の迷いをロック・オンし、苦しさをちゃんと味わい尽くしましょう。心から迷いが失せるまで念じたら、素直な気持ちでパッと決めてしまいます。あるいはどちらも買わないのも、手かもしれません。

［よい案が思いつかないとき］

●複雑化した気持ち

「ああ、何かよい案は見つからないものでしょうか。時間だけが無為に過ぎてゆくばかりで、ちっとも頭が冴えません」

○単純解消レシピ

迷いと、それから「よい案が欲しいヨー」という欲によって心の表面がかき乱されている状態では、なかなかよい案は出てきません。急がば回れ、まずは「迷いと欲の苦受」と念じ、心の中身を徹底的に観察し、迷いと欲から生まれている小さな苦しみを、徹底的に味わい尽くしてまいります。そうすれば迷いと欲が流れ去り、自動的によいアイディアが浮かんでくることを保証いたしましょう。

[ダイエット中なのにおやつが食べたくて我慢できないとき]

●複雑化した気持ち

「ああ、甘いおやつが食べたくて仕様がありません。でも食べたらダイエットが失敗してしまう。ああ、でも、とてもチョコレートが食べたいんですの」

○単純解消レシピ

自分が食べたいという気持ちのせいで「苦」を味わっているんだという厳然たる現実を、一点集中の集中力にて、思いきり実感しましょう。「迷いと欲の苦受、迷いと欲の苦受、迷いと欲の苦受」と念じながら、苦しみをロック・オン。そのように、自分の気持ちを見つめながら苦しみを味わい尽くせば、いつの間にか食欲は夢幻のように流れ去っていることでしょう。

いくら念じてもなかなかうまくゆかない場合は、「この欲もまた無常であり、そのうち流れ去る、これもまた流れ去る、これもまた流れ去る」と念じてみることもお勧めします。

［初対面なのにたいへん優しくされ、付き合いも浅いうちから「この人はすごくよい人だ」と思い込みそうなとき］

●**複雑化した気持ち**

「この人はなんて優しく、また、素晴らしい人格者なのでしょう。この人こそ理想の人に違いありません。今すぐ愛の契りを交わしとうございます」

○**単純解消レシピ**

付き合いの浅い相手に対しては、たいていお互いの本性を隠してよい部分だけを見せようと取り繕うので、ついつい素敵な人のように見えてしまうものです。が、初対面の人に期待しすぎれば、後から幻滅しておしまいということが多いでしょう。そのうえ、相手への期待のせいで自分から物欲しそうなオーラが漂い、関係を台無しにしかねません。一人になったらまずは深呼吸、はやる気持ちを抑えて「迷いと欲の楽受、迷いと欲の楽受」という心言を念じ気持ちをロック・オン。その気持ちを味わい尽くし、まずは平常心を取り戻しましょう。そしてまた後日に再会する折りに、平静な気持ちで相手のことをもっと深く知ってゆけばよいのです。

[失恋をして苦しいけれど、繰り返し思い出しては涙に暮れるとき]

●複雑化した気持ち

「去年の今頃、いつも朝は二人で紅茶をいれてから好きな音楽を聞きましたっけ。私が憂鬱《ゆううつ》そうにしていると、貴方はどうしたの、と心配そうに言ってくださり、きまって私の手に接吻《せっぷん》をしてくれたものです。しかし今はそれらすべて失われてしまいました、何て悲しいのでしょう。私はあまりに悲しすぎて手首を切ってしまいそうです」

○単純解消レシピ

このような悩みは一見、優美で雅やかなようですが、実際は、思いが過去にとらわれて苦しみ続け、前へ進めなくなってしまうドロドロとした情念にすぎません。煎じ詰めれば子供がオモチャを欲しがって泣くのと同じ、欲しいものが手に入らない苦しみ、「欲の苦受」なのです。「欲の苦受、欲の苦受」と心を見つめながら何度も念じ続けて、苦しみを徹底的に観察しましょう。自らの苦しみを嘆くのではなく、自らを苦しみに一体化させ、苦しみを味わい尽くすのです。そうすれば憑《つ》き物が取れたように、心地が軽くなるでしょう。想い出は綺麗な想い出として引き出しにしまっておいて、前に一歩進めるようになるはずです。

［断りたいのに、断る勇気が持てないとき］

●複雑化した気持ち

「スイカを北極で栽培するのを手伝ってほしいと頼まれたのですが、断るのも悪いような気がいたします。が、引き受けたなら引き受けたで、北極など行きたくないし、ストレスが溜まって逆恨みをしてしまいそうです。でも人のよい私は結局、来年の今頃は断れずに北極でスイカを栽培しているにちがいありません。ああ嫌なことですよ」

○単純解消レシピ

「人のよい私」なんて、嘘、嘘。断れない心の裏面には、断りたい優柔不断も混ざっており、迷いの業《カルマ》が強く働いています。それと同時に、相手によく思われたいとか、相手に嫌な顔をされたくないといった、欲望の業《カルマ》も強く働いています。迷いと欲のせいで、断れない弱虫になるのです。そのような業《カルマ》に引きずり回されて嫌々ながら引き受けても、何もよい結果を生みません。「迷いと欲の苦受、迷いと欲の苦受」と観察し、迷いと欲を静めましょう。そうしたら澄んだ心地で、相手の気分を害さないように、丁重にお断りする勇敢さが湧いてくるでしょう。

［良質なアイディアを思いついて気持ちがたかぶるとき］

●複雑化した気持ち

「このアイディアをプレゼンテーションに出したら、きっと採用されて有名になり、出世も思いのままですよ。『私はこうして成功した』なんていう本も出版して、一躍時代の寵児《ちょうじ》になること請け合いなのさ」

○単純解消レシピ

自分のアイディアや意見に対して執着し、他人に押し付けたくなる欲望を、「見《けん》」といいます。せっかくよいアイディアを思いついたとしても、「欲」と「見」の心を剥き出しにして人前に出したら、他人の嫉妬を買いやすく、快く受け入れてもらえないかもしれません。欲望丸出しの自分の現実をまずは直視し、心が混乱して無慚無愧《ハジシラズ》な状態になっていることも観察しましょう。そうして「ハジシラズ・混乱・欲・見の楽受、ハジシラズ・混乱・欲・見の楽受」と念じて、欲が消えるのを待つのです。欲を消してから、そのよいアイディアをプレゼンテーションしてはじめて、最良の結果が得られるでしょう。

［他人に何か助言をしたくなるとき］

●複雑化した気持ち

「ああ、この人ときたら何て体に悪いものを召し上がっているのでしょう。そのスパゲッティは、石油でできているのですよ。知らずに食べているだなんて、かわいそうに。もっとよい食材の選び方を教えてあげなければなりません」

○単純解消レシピ

誰しも、心の表面では、他人に対して親切のつもり。ですが心の奥底では、欲望やイライラが渦巻いているのを、ごまかしているのです。自分の知っている食事法や健康法を他人に教えてあげようという心の裏には、自分の「意見」によって相手を占領して気持ちよくなりたいヨーという欲望に満ちた「見」の煩悩がひそんでいます。ゆえに、「君が今、食べているそれ、体に悪いよ」と言われた側は、せっかく心配してもらっても「見」が傷つけられるので、素直に受け取れなくなるのです。まずは、

「欲と見の楽受、欲と見の楽受」と念じて気持ちよさをロック・オン。気持ちよくなっているえげつない自らのありさまを味わい尽くし、「欲」と「見」を薄めます。そのうえで相手に助言して差し上げてはじめて、ごまかしのない、純度の高い親切心を届かせることができる道理です。

［細かいものをたくさん床に落として拾うのが大変なとき］

●複雑化した気持ち

「ああ、嫌なことです。全部拾うのに、いったい何分の時間が無駄になるのでしょうか。この時間は、本当なら大好きな映画をＤＶＤで鑑賞する予定でしたのに、惨めな時間に変貌してしまったことが嘆かわしい」

◯単純解消レシピ

「嫌だなあ」と考えごとをしながら拾うと、体中に不快物質が回るだけでなく、拾う効率も悪くなるので、よけい時間の無駄です。「迷いと怒りの苦受、迷いと怒りの苦受、迷いと怒りの苦受」と念じて心を静めて、身随念により一粒一粒を拾う体の動きに意識を集中し、思考を働かせることなく拾いましょう。すると、終わったときには気持ちスッキリ。ものを落としてしまったおかげで、気持ちがスッキリしてよかった、となるものです。

［相手に悪いことを言ってしまったかな、と気になり、会話の途中で気まずくなったとき。あんなことを言わずに別の言い方をすればよかったのに、と悔やまれるとき］

●複雑化した気持ち

「どうして私は、貴女の気持ちも考えずについつい、貴女の鼻はお団子みたいですね、なんて言ってしまったのでしょうか。きっと御本人は気にしておられるのに。ああ、フォローするために何か言わなくちゃ。でも、フォローしてもわざとらしいし、もう何を言ったらよいか分かりません」

○単純解消レシピ

「後悔」は、十四個ある不善心所のひとつ、怒りの親戚です。終わったことについて悔いると、「あれはよくなかった」と否定的な心を燃やして反発することになるので、怒りと同様の反発力を生み、心が暗く波立って濁り、雰囲気はどんどん気まずくなってシドロモドロになってしまいます。焦って何か言ったとしても、口からロクな内容は出てきません。「怒りと後悔の苦受、怒りと後悔の苦受」と繰り返し集中して念じ、その気持ち悪さをしっかり味わい尽くし、後悔の気持ちが心から消えてなくなるのを見届けましょう。心の波を綺麗にしてから、すっきりとした気持ちで、改めて楽しい話題に切り替えてはいかがでしょうか。

［夢で神のお告げを聞き、宗教を開きたくなったとき］

●複雑化した気持ち

「神様は私を選んでお告げをくださったのだから、その使命を担って人類を救済しなければなりません。全世界の人々は私を救世主として崇め奉ることになるでしょう。信じない者は、地獄行きです」

○単純解消レシピ

狂信的な考えに取りつかれる際に、一番強烈に働いている業《カルマ》は「迷い」です。それと同時に「欲」や、己を崇拝させたいという「慢」も働いています。「慢」とは自分の評価を気にする心。慢に取りつかれて宗教を開きたいだなどと思ってしまったらもはや、本人に受随念をするように勧めて心を静めてもらうことは不可能な気もしますが、できることなら「迷いと欲と慢の楽受、迷いと欲と慢の楽受」と念じて事実を直視し、有害な宗教を開くことは思いとどまっていただきたいものです。仏道の修行を深める途上では様々な超常体験をしますが、間違っても欲や慢に流されて訳の分からぬ新興宗教など、ゆめゆめ開きませんように。

[憎んでいる人の大失敗を知って、気分がよいとき]

●複雑化した気持ち

「あんなひどい人なんだから、マスメディアに叩かれたうえに、人に騙されて借金まみれになっても当然の報いです。気味のよいことですよ」

○単純解消レシピ

表面上は気持ちよいことなので、ついつい「気味がよい」という気持ちに流されてしまいますが、そうすると怒りの業が刺激されて増幅し、己の品性が損なわれてゆきます。「楽《キモチイイ》」こそはチェックし忘れがちゆえに注意が必要です。「迷いと怒りの楽受、迷いと怒りの楽受」と気持ちに意識を集中しながら念じ続け、感情が静まるのを待ちましょう。そして透明に静まった気分で、お茶でも一杯飲む雅やかな時間を持ってみてはいかがでしょうか。

［満員電車で押し合いへし合い、不快なとき］

●複雑化した気持ち

「あーあ、今日もわたくしは、本当にやりたいことを我慢して昨日と同じことの繰り返しではありませんか。機械の歯車のようにして乗りたくもない電車に乗り、そのうえ満員電車なんて、まことにやっておられません」

○単純解消レシピ

まずレシピにそって「迷いと怒りの苦受、迷いと怒りの苦受」と単純化し、念じ続けて心を静めた後、身随念をやってみるとよろしいでしょう。目を瞑り、周りの人と触れている部分が圧迫されている身体感覚や、温度、湿度、匂いなど、どれか集中しやすい対象を選んで、そこへ意識を一点集中させ、感覚を感じとってみてください。意識する対象を少しずつ動かしてゆき、「今、ここ」の感覚に集中すると、満員電車の中もいろいろな感覚を追いかけるゲームみたいになり、ストレスが消えてゆきます。そのうえ、集中力や身体感覚を磨く訓練にまでなるのだから、満員電車はよいことずくめです。

［以前ついた嘘がバレて、自分の評価が下落するのでは、と心配なとき］

●複雑化した気持ち

「ああ、一生嘘をつき隠し通すつもりでしたのに、バレてしまいました。今まで築き上げてきた私への信頼は崩れ、イメージ低下は否めないでしょう。お先真っ暗です。」

○単純解消レシピ

バレてしまったならまさに自業自得、もうそれは仕方ありません。それについてあれこれ悩もうものなら、周りから見てちんけな小者っぽい印象を与えて余計にイメージを低下させることでしょう。自分のイメージや評価を気にする「慢」は「欲」の親戚です。その慢と欲が満たされないために苦しみ、負の波動を発散しているのですが、それは、エネルギーの無駄遣いです。「慢と欲の苦受、慢と欲の苦受、慢と欲の苦受」と念じ心の波を静めてから、堂々たる気分で素直に謝罪し、次こそは嘘をつかないための戒めといたしましょう。

［仕事の締め切りが近づき焦るとき］

●複雑化した気持ち

「ああ、時間はあと半日しかないのに、もはやどう考えても間に合いません。困りました。ストレスでやりきれないから、タバコでも吸いましょうか、いや、いっそ仮病で早退しましょうか」

○単純解消レシピ

迷いと焦りの不快感のせいでただでさえ仕事能率が落ちるのに、現実逃避までしたくなり、よけいに追いつめられます。「混乱と怒りの苦受、混乱と怒りの苦受、混乱と怒りの苦受」と繰り返し念じ、迷いと焦りを食べ尽くしてしまいましょう。ひたすら念じてそれらの悪感情を取り除いてから、目の前の仕事をこなしてゆけば、能率よくこなせます。残っているいくつかの仕事のうち、残り時間で終えられそうなものだけを選んで、順番に淡々と片付けてゆくのです。短時間でキビキビと仕事を片付けられるでしょう。現に、私は今この原稿を締め切りギリギリに書いていますが、淡々と楽しみながら進めているのでありました。

あとがき

いわゆる「処女作」になるこの本を読み返してみますと、あまりにも青臭かったころの自分自身のことがほろ苦く、またほろ甘く、思い起こされることです。ここに並んでいるエッセイ群は、二〇代半ばだったころにウェブサイト「家出空間」に書き続けていたものです。およそ、放蕩《ほうとう》生活ゆえに大学を二留していたころから、修行をぼつぼつと始め、なんとか卒業して「イエデカフェ」というカフェを営んでいたころまでの時期にあたります。

当時、あまりの自意識過剰とわけの分からない寂しさゆえに、家族や友人や恋人とすれ違ったりぶつかり合ったりの、七転八倒をしていたものでした。そういったコミュニケーション上の問題にぶつかるたびに、そのときの自分（と相手）の心理を自分なりに見つめては文章化し、同じパターンを繰り返さぬよう心がけるべく、試行錯誤していたのです。

ですから、本書に出てくる「あれまあ」といった具合の情けない例はほとんどすべて、二〇代前半に実際生じた、自分自身の失敗エピソードがサンプルになっています。そう思ってお読みくださいましたら、一見すると毒混じりのようにみえる文章も、微笑ましく読み進めていただけるかもしれません。

さて、本書の単行本初版は、二〇〇八年三月に刊行されました。収録された文章は二〇〇四年から二〇〇七年ごろまでの四年間にわたって記されたものだったため、時期による文章表現のバラツキが見いだされました。その表現を「小生意気な文章に統一しましょう」ということになり、どうしたものかと考慮したすえに、造語を多用したうえで、「〜てふ（という）」「〜でせう（でしょう）」「候ふ」などの古語と現代語をミックスした奇妙な表現をつくりました。

が、このようにいくらか悪ふざけの過ぎた文章は当時、予想以上の賛否両論を呼び起こしました。ある年配のかたからは、

「内容は気に入ったものの読み返すにあたり、あまりにも読みにくい文章なので、本一冊ぜんぶ、手書きで普通の現代語に書き直して読み直しています」

といった主旨の御便りも寄せられたほどでした。
ある種の「こだわり」にもとづいておこなっていたそのような文章表現は、文庫化にあたって捨て去り、誰もがこだわりなく読み進められることを優先し、書きあらためました。

単行本の「あとがき」には「いまどき、欲や怒りや迷いを薄めるダイエットしませう、だなんて、時代錯誤だと思われたかもしれませぬ、ね」という一文を記しました。あのころからほんのしばらくの間に、日本経済・社会がよりいっそう停滞し、「欲望を捨てる」といったことが流行のようにもみえる世相となりましたことは、隔世の感があります。しかし「自意識にかかわる欲望」だけは、あいかわらず自分病として猛威をふるっており、その解毒剤は引き続き有用なのだと思われます。

編集の小木田順子さんが、当時のイエデカフェに初めていらしたのは、二〇〇六年の初夏ごろだったかと記憶します。それから二年越しで編まれた本書が、広く世の中で読まれることとなり、さらにその二年後に文庫版になろうとは、当時まったく予想だにしなかったことです。この共同作業について御礼を申し上げて、あとがきを閉じることといたします。

二〇一〇年梅雨のはじめに月読寺にて記す

小池龍之介

この作品は二〇〇八年三月、小社より刊行された『「自分」から自由になる沈黙入門』を改題し、加筆修正したものです。

幻冬舎文庫

●最新刊
案外、買い物好き
村上　龍

なんと24歳で初めてネクタイをしめたという村上龍が、イタリアでシャツに目覚めた。ミラノ、ローマ、ハバナ、ソウル、上海。神出鬼没に買い物道を驀進する！　思わず噴き出す痛快エッセイ。

●最新刊
サラリーマン合気道
箭内道彦

アイデアは書き留めない、会議に参加しない——。今や広告の世界を超えて活躍する、「風とロック」のクリエイティブディレクター箭内道彦が、挫折と失敗の日々から編み出した45の仕事術。

●幻冬舎時代小説文庫
酔いどれ小籐次留書　冬日《ふゆび》淡々《たんたん》
佐伯泰英

江戸町年寄・三河蔦屋染左衛門の成田山行に同道した小籐次。一行を狙う賊徒を一蹴すべく奮闘するが、染左衛門自身に人知れぬ秘密があることを知り、思わぬ事態に直面する。待望の第十四弾！

●幻冬舎時代小説文庫
酔いどれ小籐次留書 青雲篇　品川の騒ぎ
佐伯泰英

悪童仲間からの儲け仕事の誘いに、胡乱な話と思いつつ乗った小籐次。その判断は、仲間の生死に係る大事件の端緒となった。「酔いどれ小籐次留書」ガイドブックも収録したファン必携の一冊！

●幻冬舎時代小説文庫
銀二貫
髙田　郁

大坂天満の寒天問屋和助は、仇討ちで父を亡くした鶴之輔を銀二貫で救う。人はこれほど優しく、強くなれるのか？　一つの味と一つの恋を追い求めた若者の運命は？　話題の新星・待望の文庫化。

沈黙入門《ちんもくにゅうもん》

小池龍之介《こいけりゅうのすけ》

平成22年8月5日　初版発行
平成23年7月25日　3版発行

発行人――石原正康
編集人――永島賞二
発行所――株式会社幻冬舎
〒151-0051東京都渋谷区千駄ヶ谷4-9-7
電話　03(5411)6222(営業)
　　　03(5411)6211(編集)
　　振替00120-8-767643
印刷・製本―図書印刷株式会社
装丁者――高橋雅之

幻冬舎文庫

ISBN978-4-344-41520-1　C0195　こ-32-1